기독교문서선교회 (Christian Literature Center: 약칭 CLC)는 1941년 영국 콜체스터에서 켄 아담스에 의해 시작되었으며 국제 본부는 미국 필라델피아에 있습니다. 국제 CLC는 59개 나라에서 180개의 본부를 두고, 약 650여 명의 선교사들이 이동도서차량 40대를 이용하여 문서 보급에 힘쓰고 있으며 이메일 주문을 통해 130여 국으로 책을 공급하고 있습니다. 한국 CLC는 청교도적 복음주의 신학과 신앙서적을 출판하는 문서선교기관으로서, 한 영혼이라도 구원되길 소망하면서 주님이 오시는 그날까지 최선을 다할 것입니다.

추천사

이승진 박사
합동신학대학원대학교 교수, 목회대학원장

기독교의 역사는 교리의 역사라고 해도 과언이 아닙니다. 지난 2천 년 역사 속에서 기독교회가 혼신의 힘을 기울였던 것은 바로 교회를 성경적인 교훈과 가르침의 기초 위에 견고하게 세우는 일이었습니다. 저자는 오늘날 침체의 길을 걷는 한국교회의 새로운 부흥을 위하여 교회가 기독교 신앙의 정수를 다시금 분명히 확인할 것을 요청하고 있습니다. 그래서 신자들이 올바로 숙지해야 할 핵심 교리들을 아주 쉽고 간단명료하게 설명하고 있습니다. 참 진리가 혼탁해진 이 시대에 모든 성도들이 신앙의 정수를 더욱 명확히 이해하여 참 진리에 기초한 확고한 믿음으로 주님께 영광을 돌릴 수 있기를 기원합니다.

배안섭 목사
물근원교회 담임, 쉐마국제학교 이사장

이 세상에 많은 지식이 있지만 하나님을 아는 지식만큼 가장 고귀하고 위대하며 가치 있고 영광스러운 지식은 없습니다. 하나님을 아는 지식은 생명의 길과 사망의 길을 선명하게 알려 주기 때문입니다.
본서는 기독교 신앙의 핵심 진리를 성경과 바른 교리에 근거하여 균형 있게 정리한 책입니다. 이 진리에서 제자들이 나왔고, 또한 많은 교회가 세워졌습니다. 이 책이 존 칼빈의 『기독교 강요』처럼 작은 돛단배로 시작되어 복음의 화물선이 되고 함대로 발전하는 은혜가 있으리라 확신하며 강력하게 추천합니다.

김 기 배 목사
CTS 기독교TV JNC 대표이사

존경하는 김학관 박사님이 CTS 기독교TV "4인4색" 프로그램의 신앙특강에서 강의한 주옥같은 내용을 책으로 출판하게 된 것을 참으로 기쁘게 생각합니다. 이어령 박사님은 CTS의 특집강연에서 "우리가 영성에 이르기 위해서는 반드시 지성이라는 계단을 이용해야 한다"라고 말씀했습니다.

하나님을 올바르게 아는 지식(지성)이 결여된 무지한 믿음(영성)은 최근 한국기독교계의 큰 문제가 되고 있는 신천지와 같은 많은 이단 세력들이 발호하는 근거이기도 합니다. 본서는 기독교의 정통교리를 안내하는 길잡이이므로 우리 그리스도인이 반드시 읽고 알아야 할 필독서로 적극 추천합니다.

기독교 신앙의 정수

The Marrow of the Christian Religion
Written by Hak-Kgwan Kim
All rights reserved.
Korean Edition Copyright ⓒ 2019 by Christian Literature Center, Seoul, Korea

기독교 신앙의 정수

2019년 3월 29일 초판 발행

| 지은이 | 김학관 |

편집	곽진수
디자인	전지혜
펴낸곳	(사)기독교문서선교회
등록	제16-25호(1980.1.18)
주소	서울특별시 서초구 방배로 68
전화	02-586-8761~3(본사) 031-942-8761(영업부)
팩스	02-523-0131(본사) 031-942-8763(영업부)
이메일	clckor@gmail.com
홈페이지	www.clcbook.com
송금계좌	기업은행 073-000308-04-020 (사)기독교문서선교회

ISBN 978-89-341-1952-4 (93230)

이 도서의 국립중앙도서관 출판예정도서목록(CIP)은 서지정보유통지원시스템 홈페이지(http://seoji.nl.go.kr)와 국가자료공동목록시스템(http://www.nl.go.kr/kolisnet)에서 이용하실 수 있습니다. (CIP제어번호: CIP2019007256)

이 책의 저작권은 저자와 (사)기독교문서선교회가 소유합니다. 신저작권법에 의하여 한국 내에서 보호받는 저작물이므로 무단 전재와 무단 복제를 금합니다.

기독교
신앙의 정수

김학관 지음

CLC

목차

추천사
    이승진 박사 (합동신학대학원대학교 교수, 목회대학원장)
    배안섭 목사 (물근원교회 담임, 쉘마국제학교 이사장)
    김기배 목사 (CTS 기독교TV JNC 대표이사)

저자 서문   9

제1부 성경과 신조   13
  제1장 기독교 신앙   14
  제2장 성경과 참된 신앙   17
  제3장 종교개혁과 오직 성경   20
  제4장 신조와 참된 신앙   23
  제5장 정통과 이단 그리고 개혁   25
  제6장 신조의 역사적 배경   28
  제7장 성경과 신조의 권위   32
  제8장 신조의 필요성   34
  제9장 정통신앙의 3대 요소   36
  제10장 정통신앙과 사도신경   39

제2부　삼위일체 하나님　41

　제1장 사도신경의 명칭　43

　제2장 사도신경의 역사적 배경　45

　제3장 사도신경의 구조　48

　제4장 기독교 교리의 형성　51

　제5장 삼위일체론 논쟁　53

　제6장 정통신조의 선언　55

　제7장 하나님의 존재　57

　제8장 하나님의 사역　60

　제9장 하나님의 사역 원리　62

　제10장 주일예배와 신앙고백　66

제3부　하나님의 경륜과 비밀　69

　제1장 기독론 논쟁　70

　제2장 정통신조의 선언　74

　제3장 그리스도의 양성의 필요성　78

　제4장 하나님의 경륜과 비밀　82

　제5장 하나님의 비밀이신 그리스도　85

　제6장 하나님의 기쁘신 뜻　87

　제7장 중보자 그리스도의 신분　90

　제8장 중보자 그리스도의 사역　92

　제9장 구원의 원리　95

　제10장 구원의 목적　97

제4부	예수 그리스도의 교회	99
	제1장 성령론 논쟁	100
	제2장 정통신조의 선언	102
	제3장 보혜사 성령과 교회	104
	제4장 구원론과 교회론 논쟁	106
	제5장 정통교회의 4대 속성	110
	제6장 참 교회의 3대 표지	114
	제7장 개혁교회의 특징	118
	제8장 성도의 복된 삶	122
	제9장 새 사람과 온전한 사람	125
	제10장 어둠 속에 빛이 있으라	128

부록 1	기독교 정통신앙	133
부록 2	기독교 중심사상 (SOLA)	137
부록 3	기독교 핵심교리 (TULIP)	140

저자 서문

김 학 관 박사

웨스트민스터신학대학원대학교 역사신학 교수

 한국교회는 종교개혁운동 500주년을 지나면서, 하나님의 자비와 은혜를 구하는 가운데 스스로의 모습을 돌아보는 자성의 목소리를 내고 교회개혁을 부르짖으며 뜻 깊은 시간을 보내고 있습니다.

 기독교회사를 돌아보면 2,000년 전 초대교회는 예수 그리스도와 그분의 말씀에 기초하여 사도들이 전파한 순수한 복음과 참된 진리의 가르침 위에 세워졌습니다. 하지만 기독교회는 중세기를 지나면서, 인간의 뿌리깊은 죄성과 세상 철학 그리고 악한 영들의 미혹 등 여러 가지 원인들로부터 생겨난 인본주의적이고 세속적인 신학사상들로 인하여 점차 생명의 빛과 영적 능력을 상실한 모습으로 쇠락하고 말았습니다.

16-17세기 종교개혁 시기에 이르러, 하나님께서는 교회에 크신 긍휼을 베푸시어 주의 종들을 일으켜 세우시고, 그들을 통하여 '오직 성경'으로 영적인 깊은 어둠 속에 진리의 빛을 비추어 교회를 순수한 신앙과 참된 진리의 길로 돌아오도록 역사하셨습니다.

당시 개혁교회는 하나님의 주권과 성경 중심의 정통신앙으로 돌아가 참된 교회의 본질을 회복하였으며, 또한 성경적이고 역사적인 교회의 사명을 새롭게 감당할 수 있게 되었습니다.

그 후 기독교회는 근현대사를 지나면서 성경에서 벗어나 인본주의적인 자유주의 신학사상, 주관적이고 초월적인 신령주의 신앙운동, 세속적인 혼합주의 신학사상, 비성경적이고 극단적인 종말론을 강조하는 사악한 이단운동 등의 발흥으로 인하여 성경적이고 역사적인 정통신앙의 길에서 점점 멀어지게 되었습니다.

오늘날에는 하나님 앞에 영적으로 깨어 있는 수많은 목회자들과 성도들이 이 시대의 기독교와 교회를 향하여, '지금은 제2의 종교개혁이 필요한 때'라고 외치는 상황에 이르게 되었습니다.

현대교회는 오직 성경에 기초한, 순수한 신앙과 진리로 다시 돌아가야 합니다. 왜냐하면 현대교회는 하나님께서 교회사 속에서 섭리하시고 보존하신 성경적이고 사도적이며 공교회적인 참된 신앙과 순전한 교리로부터 너무나 멀리 떠나있기 때문입니다.

우리는 기독교 신앙의 뿌리이자 교회사의 소중한 유산인 기독교의 정통교리와 신앙의 핵심 진리들을 되찾아야 할 것입니다. 그래서 그 진리의 거울로 교회의 실상을 밝히 비춰 보고 개혁의 길과 방향을 모색하는 것이 절실히 필요합니다. 이는 우리 자신과 이 시대의 교회를 위해 매우 시급하고 중대한 일입니다.

필자는 2018년 6-7월에 CTS(기독교TV)에서 방영된 신앙특강에서 '기독교 신앙의 정수'를 담고 있는 4가지 기독교의 핵심 진리를 살펴 보았는데, 본서를 통해서도 그 진리를 소개해 드리고 싶습니다. 곧 '성경과 신조', '삼위일체 하나님', '하나님의 경륜과 비밀', '예수 그리스도의 교회'란 주제를 가지고, 여러분들과 주의 은혜를 함께 나눠보고자 합니다.

본서는 하나님의 거룩한 말씀인 성경에 계시된 기독교 정통교리의 입문서로서, 우리가 믿는 참 진리의 핵심 내용을 『기독교 신앙의 정수』(*The Marrow of the Christian Religion*)란 이름으로 간략하고 명료하게 설명하고 있습니다.

기독교 신앙은 오직 성경에 기초하며, 그 진리는 예수 그리스도 안에서 유일하신 참 하나님을 아는 지식이요(요 17:3), 구원에 이르는 참된 지혜를 말합니다(딤후 3:15). 모든 성도는 우리의 창조주요 구속주이신 삼위일체 여호와 하나님을 바르게 알고, 그분께만 영광을 돌리며 살아가야 할 것입니다. 왜냐하면 사람은 오직 하나님 안에서만 자신의 참된 가치를 실현할 수 있기 때문입니다.

본서는 예수 그리스도의 나타나심과 하나님의 은혜를 간절히 사모하는 모든 성도에게 반드시 알아야 할 '기독교의 기본 진리'를 쉽고 바르게 이해할 수 있도록 돕고, 나아가 이 어두운 세상 속에서 견고한 신앙과 참 진리로 거짓 교리와 이단들을 대적하여 승리자로 살아가도록 격려해 주는 좋은 가이드가 될 것입니다.

본서를 통하여, 주 여호와 하나님 앞에서 우리 모두가 그리스도인으로서의 참된 신앙과 삶을 회복해 나가고, 이 시대 기독교회의 올바른 정체성과 역사적 사명을 함께 찾아가기를 바랍니다.

제1부

성경과 신조

제1장 기독교 신앙
제2장 성경과 참된 신앙
제3장 종교개혁과 오직 성경
제4장 신조와 참된 신앙
제5장 정통과 이단 그리고 개혁
제6장 신조의 역사적 배경
제7장 성경과 신조의 권위
제8장 신조의 필요성
제9장 정통신앙의 3대 요소
제10장 정통신앙과 사도신경

제1장

기독교 신앙

기독교의 참된 신앙은 하나님을 아는 지식입니다(The Knowledge of God, 사 11:9; 호 4:1; 빌 3:8; 벧후 3:18). 즉 사람의 크고도 제일되는 목적은 하나님을 알고, 그분을 영원토록 기뻐하고 즐거워하며, 오직 하나님께만 영광을 돌리는 것입니다. 그것이 영생이요(요 17:3), 사람의 참된 가치와 본분이며(사 43:21; 전 12:13; 고전 10:31; 계 4:11), 우리의 영원한 행복과 연결되어 있기 때문입니다(창 15:1; 신 10:13).

성경에서는 하나님께서 천지만물과 사람을 창조하셨다고 말씀합니다(창 1-2장). 그러므로 모든 사람은 예수 그리스도 안에서 창조주 하나님을 알게 될 때, 비로소 하나님 앞에서 자신을 바로 알게 되고, 인생의 올바른 표준과 규범을 가지고 참다운 삶을 살아가며, 이 땅에서 자신의 진정한 가치와 목적을 실현할 수 있습니다.

그런데 인생의 실상에 대하여, 성경은 "헛되며 헛되고, 헛되고 헛되니, 모든 것이 헛되도다"(전 1:2; 12:8)라고 말씀합니다. 참으로 허무한 인생은 바로 창조주 하나님에 대해 무지한 자입니다.

창조주 하나님을 알지 못하는 사람은 모든 만물 가운데 '하나님의 형상'(진리, 거룩함, 의)으로 창조된 가장 고귀한 존재임에도 불구하고(창 1:26-27), 생명의 주 하나님과 무관한 인생을 살아감으로 말미암아, 영혼이 없는 짐승들보다도 더 비참한 자라고 말할 수 있습니다.

본래 사람은 하나님께서 선하게 창조하셨으나, 자신의 교만과 탐심으로 말미암아 스스로 하나님께 불순종하여 범죄하고 말았습니다(창 2-3장). 결국 사람은 하나님께서 은혜로 주신 선물인 자유의지를 오용함으로써 타락하였고, 하나님의 저주를 받아 사망과 심판의 형벌을 받게 되었으며, 자신의 힘으로는 결코 스스로를 구원할 수 없는 절망적인 존재가 되었습니다(요 3:5; 6:44).

그런데 자비로우신 하나님께서는 죄인들에게 '여자의 후손' 곧 인류의 구주를 보내시겠다고 약속하셨습니다(창 3:15; 사 9:6-7). 또한 허무한 인생들에게 "너희 창조주를 기억하라"(전 12:1)고 권고하셨으며, 하나님을 버리고 우상숭배에 빠진 백성들을 향하여 "여호와를 알라 힘써 여호와를 알라"(호 6:3)라고 촉구하셨습니다.

때가 차매, 하나님께서는 자신의 영원한 경륜을 따라 택하신 자들을 구원하시고 그들로 하여금 하나님께 온전한 영광을 돌리게 하기 위하여 예수 그리스도를 이 땅에 보내 주셨습니다(롬 5:8; 갈 4:4).

이제 사람은 참 길이요 진리요 생명이신 예수 그리스도를 믿음으로 하나님께 돌아갈 수 있습니다(요 14:6; 행 4:12). 지금도 하나님께서는 죄인들에게 모든 우상과 죄를 회개하고, "만물을 지으시고 살아 계신 하나님께 돌아오라"(행 14:15)고 말씀하고 계십니다.

제2장

성경과 참된 신앙

기독교 신앙의 참된 토대는 성경(Bible)과 신조(Creed)입니다. 그러므로 우리 기독교인은 한 손에는 성경을, 다른 한 손에는 신조를 갖고 있어야 합니다.

성경은 자비로우신 하나님께서 우리로 하여금 예수 그리스도 안에서 영생의 참된 복을 받아 누리도록 베푸신 특별한 은총의 선물입니다(요 5:29). 그래서 다음과 같이 말씀합니다.

> 오직 이것을 기록함은 너희로 예수께서 하나님의 아들 그리스도이심을 믿게 하려 함이요 또 너희로 믿고 그 이름을 힘입어 생명을 얻게 하려 함이니라(요 20:31).

우리 인생들에게 성경은 하나님께서 자신을 알리시고 구원하시는 하나님의 정확무오한 자기계시의 말씀으로서(벧후 1:21; 딤후 3:16), 구원받은 모든 성도의 신앙과 삶의 절대 규범입니다. 곧 성경은 사람에게 영생과 구원에 이르는 지혜를 가져다주고(요 17:3; 딤후 3:15), 하나님의 거룩한 성도들로 하여금 신앙과 삶의 올바른 표준으로 살아가는 온전한 사람이 되도록 인도합니다(딤후 3:16-17).

하나님을 아는 참된 지식은 오직 성경을 통해서만 얻을 수 있습니다. 하지만 사람은 창조주 하나님께 범죄하여 타락하였습니다. 하나님의 저주를 받아 허물과 죄로 죽은 죄인된 사람은 하나님과 진리에 무지한 영적 소경이 되었습니다(요 1:5; 엡 2:1; 4:18). 왜냐하면 모든 사람이 죄로 말미암아 하나님의 형상(진리, 거룩함, 의)을 잃어버렸고, 그분을 영화롭게 하는 능력을 잃어버렸기 때문입니다(롬 1:25; 3:23).

하나님과의 관계가 끊어진 비참한 죄인이 하나님을 아는 일은 오직 하나님의 은혜로 구원을 받아야만 가능한 일입니다. 사람이 거듭나지 않고는 하나님을 알 수 없습니다. 즉 모든 죄인은 구주 예수 그리스도를 믿고 죄 사함을 받은 새 사람이 될 때, 비로소 창조주 하나님을 알 수 있는 것입니다. 성경에서는 다음과 같이 말씀합니다.

> 사람이 떡으로만 살 것이 아니요 오직 하나님의 입으로부터 나오는 모든 말씀으로 살리라(마 4:4).

즉 사람의 육신은 음식을 먹어야 살지만, 그의 영혼은 오직 하나님의 말씀 곧 진리를 먹고 마셔야만 산다는 것입니다.

하나님께서는 우리 죄인들의 구원을 위해 중보자 예수 그리스도와 함께 보혜사 성령을 이 세상에 보내 주셨습니다. 우리는 오직 성령을 통해서 성경에 계시된 하나님의 말씀을 바로 알고 생명의 삶을 살아갈 수 있습니다.

모든 죄인은 성령의 은혜로 말미암아 복음을 듣고 예수 그리스도를 믿음으로써만 구원을 얻게 됩니다(고전 12:3; 딛 3:5). 모든 성도는 성령의 조명 가운데 성경의 참 진리를 알고 거룩함과 순종의 삶을 살아가게 되는 것입니다(요 14:26; 16:13; 고전 2:10).

결론적으로 성경은 삼위일체 하나님의 자기계시이며 정확무오한 진리의 말씀입니다. 이 신구약성경 66권은 하나님께서 직접 영감하신 말씀으로서 성도의 신앙과 삶의 절대 표준입니다. 그리고 성경은 성령의 조명 가운데 우리로 하여금 예수 그리스도를 믿어 구원을 얻게 하고, 또한 모든 성도가 하나님을 바로 아는 가운데 오직 하나님만을 영화롭게 하며 살아가도록 인도합니다.

제3장

종교개혁과 오직 성경

 16-17세기의 종교개혁가들은 성경에 기초하여 로마 가톨릭교회의 그릇된 신앙과 거짓 교리에 맞서 싸웠습니다. 당시 개혁운동의 표준은 '오직 성경'(*Sola Scriptura*)이었으며, 그 목표는 바로 기독교회의 신앙과 본질을 성경으로 돌아가게 하는 것이었습니다.

 종교개혁운동이란 하나님께서 친히 역사에 개입하셔서 참 빛을 잃어버린 교회에 크신 자비와 은혜를 베푸심으로, 주의 교회가 성경의 순수한 복음과 참된 진리로 돌이켜서 본래의 참된 모습과 사명을 회복하도록 역사하신 놀라운 일입니다.

 그런데 현대교회 안에는 여러 가지 그릇된 신학사상과 염려스러운 신앙운동들이 전개되고 있습니다.

첫째, 기독교 자유주의자들은 하나님의 말씀인 성경의 오류를 주장하면서, 성경에 계시된 하나님의 영적이고 고귀한 구속의 진리를 단지 이 세상의 종교윤리와 세속적인 도덕철학으로 전락시키고 말았습니다.

둘째, 기독교 신령주의자들은 신앙과 삶의 참된 표준인 성경을 도외시한 채, 인간적이고 주관적이며 신비적인 수양이나 종교의식을 통해 하늘의 직통계시와 종말적 예언들을 주장함으로 성도와 교회를 미혹하고 있습니다.

셋째, 현대의 세속화된 교회들은 성경과 교리보다는 지상교회의 양적인 성장과 사회운동에 힘을 쏟고 있으며, 아울러 자신들의 종교적 영향력을 이 세상 속에서 실현하고자 노력하고 있습니다.

넷째, 기독교 이단들은 자신들의 교주를 자칭 하나님, 재림 예수 혹은 말세의 선지자라고 맹신하면서, 거짓 예언과 헛되고 악한 사상을 가지고 많은 사람들을 미혹하여 멸망의 길로 인도하고 있습니다.

오늘날 하나님의 백성들은 이렇게 어둡고 혼란한 이 세상 속에서 성경에 기초한 진리 위에 굳게 서서 이러한 그릇된 신앙운동들과 거짓된 사상들을 대적해야 할 것입니다.

참된 그리스도인의 표어는 '오직 성경이 말하게 하라'입니다. 우리도 종교개혁가들처럼 오직 성경으로 모든 인본주의 신학사상과 이단운동들을 대적하면서, 그들을 향하여 '오직 하나님의 말씀이 말하게 하라'고 선포하며 나아가야 할 것입니다.

모든 성도는 성경을 신앙과 삶의 절대 규범으로 믿고 따르며, 모든 일에 오직 하나님의 말씀을 따라 생각하고 행해야 할 것이고, 이를 위해 교회 안에서 성경의 진리를 배우고 아는 일에 힘쓰며, 또한 그 진리를 따라 순종함으로 하나님께 온전한 영광을 돌리는 성숙한 신앙인으로 자라가야 하겠습니다.

제4장

신조와 참된 신앙

 성경과 함께 신조는 기독교 신앙의 참된 토대입니다. 여기서 공인신조란 성경의 핵심 진리를 요약한 정통교리를 신앙고백의 형식으로 잘 표현한 공적인 신앙문서를 말합니다.
 먼저 교리, 교의, 신조의 개념과 그 차이점에 대해 살펴보도록 하겠습니다.

 첫째, 교리(doctrine)란 넓은 의미로 종교가 가르치는 도리나 이치입니다. 기독교의 교리란 성경에 계시된 기독교의 참 진리를 신앙으로 고백하고 체계화시킨 것을 가리킵니다.
 모든 종교에는 그 신도들이 믿고 고백하는 독특한 신앙의 내용으로서 저마다의 교리가 있습니다. 그래서 불교 교리, 천주교 교리, 이슬람 교리 등이 있으며, 심지어 기독교 이단인 신천지, 안식교, 하나님의교회, 여호와의증인, 구원파 등도 모두 각자의 교리를 가지고 있습니다. 만일 저들이 자신들의 종교생활을 위한 어떤 체계화된 교리나 사상이 없다면 지금의 그러한 종교단체가 유지되거나 지속적인 활동을 유지할 수 없었을 것입니다.

더욱이 기독교회 안에서 신앙고백이 없는 교회는 진정한 교회라고 말할 수 없으며, 또한 참된 신앙고백이 없는 신자는 거짓 신자로 볼 수밖에 없습니다.

둘째, 교의(dogma)란 기독교의 공교회에 의해서 공적으로 받아들여진 교리입니다. 즉 보편교회가 국가적인 혹은 국제적인 공의회를 열어서 어떤 교리가 성경에 부합하는 참 진리라고 믿고, 그것을 공적으로 확정한 것입니다. 그런데 일반적으로 교리나 교의는 구분이 없이 사용됩니다.

셋째, 신조(creed)란 기독교의 교의를 간략하고 명료한 신앙고백의 형식으로 작성한 문서입니다. 이 신조는 보편교회가 성경의 참된 진리의 내용을 정통교의로 확정하고 따름으로써 신앙의 순수성과 교회의 거룩성을 파수해 나가도록 하는, 기독교회의 공적인 규범이라고 말할 수 있습니다. 아울러 기독교의 신조는 그 형식이나 용도에 따라 신앙고백서, 요리문답, 신조나 신경, 교회헌법 등으로 부르고 있습니다.

제5장

정통과 이단 그리고 개혁

하나님께서 성경에서 계시하신 기독교의 참된 신앙의 내용을 바르게 고백하고 체계화한 것을 정통교리라고 말합니다.

이제 정통신앙과 이단운동의 개념을 살펴본 후, 다음으로 신앙의 개혁이 무엇을 의미하는지를 알아보도록 하겠습니다.

첫째, '정통'(ὀρθόδοξος, orthodox)이란 성경에 계시된 대로 알고 믿는 것이며, 바른 사고나 관점을 말합니다. 이는 기독교회가 역사적으로 위의 세대로부터 다음 세대로 전수해 내려온 진리의 참된 가르침으로서 올바른 신앙전통이라고 말할 수 있습니다. 그것은 마치 한 기차가 정상적인 궤도 위에서 본래의 목적지를 향하여 올바르게 달리고 있는 것과 같습니다.

둘째, '이단'(αἵρεσις, heresy)이란 역사적인 참된 가르침으로부터 벗어난 그릇된 사상이나 불일치한 주장을 말합니다. 성경에서 이단이란 단어는 분파나 분당, 사적인 주장, 편견, 일탈, 탈선이란 개념으로 사용되고 있습니다. 그것은 마치 정상 궤도를 달리고 있던 기차가 그 궤도에서 탈선하여 전복되거나 굴러 떨어진 상태와 같습니다.

셋째, '개혁'(διάὸρθός, reform)이란 원래대로 돌아가는 것이며, 어떤 사물이나 일들을 본래의 모습대로 바로 세우거나 이전의 상태로 회복하는 것을 말합니다.

이는 기독교회가 그릇되고 어그러진 길에서 돌이켜서 역사적인 참된 진리의 가르침과 올바른 신앙전통을 회복하는 것을 말합니다. 그것은 사람이 불의의 사고로 부러진 뼈를 바르게 고치는 일과 같으며, 또한 마치 정상 궤도에서 탈선한 기차를 원래의 궤도로 돌이켜서 목적지를 향해 바르게 나아가도록 하는 일과 같습니다.

참된 개혁이란 교회가 성경적인 순수한 신앙과 참된 진리로 돌아가 교회의 본질을 바로 세우는 일이며, 또한 기독교회가 감당해야 할 본래의 사명을 회복하도록 만드는 일입니다. 즉 개혁은 오직 성경을 따라서 잃어버린 교회의 진정한 모습을 정립하는 동시에 교회가 나아가야 할 방향과 목적을 올바로 제시하는 것을 말하는 것입니다.

주 여호와 하나님께서는 가나안 땅으로 나아가야 할 이스라엘 백성을 향하여 다음과 같이 말씀하셨습니다.

> 너희가 여호와의 율법을 주야로 묵상하여 다 지켜 행하고 우로나 좌로나 치우치지 말라 그리하면 네가 형통하리라 (수 1:7).

지금도 하나님께서는 참되고 유일하신 하나님을 떠나서 우상숭배에 빠져 멸망의 길로 달려가는 백성들을 향하여 다음과 같이 말씀하십니다.

> 너희는 길에 서서 보며, 옛적 길 곧 선한 길이 어디인지 알아보고 그리로 가라 너희 심령이 평강을 얻으리라(렘 6:16).

제6장

신조의 역사적 배경

기독교 정통신앙의 내용을 담고 있는 공인신조의 역사적 배경을 살펴보도록 하겠습니다.

1세기경 기독교인들이 로마제국의 카타콤(지하 무덤)에 새겼던, '익투스'(ΙΧΘΥΣ)로 불리는 '물고기' 문양은 주의 성도들이 극심한 박해 속에서 사용하던 기독교인들의 중요한 표식이었습니다. 여기에는 헬라어의 대문자들이 기록되어 있는데, 그것은 바로 "Ιησους Χριστος Θεου Υιος Σωτηρ"(예수 그리스도는 하나님의 아들이시며 구주시다)라는 신앙고백을 담고 있었습니다(마 16:16).

초기 기독교에 신조가 등장하게 된 역사적 배경을 살펴보도록 하겠습니다. 먼저 기독교회는 초기부터 로마제국의 통치하에서 지속적으로 로마 황제의 우상숭배 강요와 종교 다원주의 정책으로 인해 많은 박해를 겪었습니다. 아울러 기독교 이단 분파들로 인해서도 큰 어려움을 당하였습니다. 그중에는 대표적으로 유대적 기독교 분파인 에비온파와 헬라적 기독교 분파인 영지주의, 그리고 신령주의 이단 운동인 몬타누스파 등이 있었습니다.

한편, 기독교회사 속에서 초대교회는 300여 년의 긴 박해와 고난의 시기를 지났습니다. 그런데 대박해가 끝난 후에는 많은 배교자들과 이단에 빠진 변절자들의 처리 문제로 인해 교회가 분열되는 심각한 상황에 처하기도 했습니다.

초대교회에는 각 교구의 교회를 목양하고 감독하던 여러 지도자들이 있었는데, 그들은 사도들의 제자이면서 순수한 신앙과 참 진리의 계승자들이었습니다. 이러한 지도자들은 극심한 박해와 이단들의 미혹과 교회 분열의 혼란 속에서 교회 안팎의 여러 문제를 해결하고 교회를 지키기 위해 노력하였습니다.

그리고 로마제국 내의 여러 교회에서는 환난 가운데 성도들의 신앙을 굳게 세우고, 교회를 파수하기 위해서 성경에 기초하여 사도들이 가르친 기독교 신앙의 핵심 내용을 교리로 요약하여 간략한 신앙문서와 요리문답으로 작성하여 사용하기 시작하였습니다.

이와 같이 기독교의 초기부터 기독교회 안에는 여러 가지 신앙문서들이 등장하게 되었는데, 그 당시에는 주로 세례자를 위한 신앙교육과 신앙문답으로 사용되었습니다.

당시 초대교회의 많은 목회자들이 주의 진리로써 하나님의 교회를 파수하는 가운데 핍박을 받아 순교를 당하였습니다. 그들 중에서 서머나교회의 감독이었던 폴리캅(Polycarp, 69-156)은 고매한 신앙 인격과 훌륭한 삶으로 모든 성도에게 신앙적 귀감이 되는 대표적인 순교자였습니다.

폴리캅은 사도 요한의 제자였으며, 또한 초대교회 최초의 조직신학자로 불리우는 이레니우스의 스승이기도 했습니다. 그는 156년경 로마 트라얀 황제의 박해 시기에 체포되어 굶주린 야수와 화형틀이 준비된 로마제국의 경기장으로 끌려가게 되었습니다. 이윽고 재판장은 폴리캅에게 "지금 예수를 욕하고 황제를 시인하라. 그리하면 너의 목숨을 살려 주겠다"라고 협박하였습니다.

그러나 주 앞에 신실한 종 폴리캅은 "나의 주님은 86년 동안 나를 해하지 않으셨는데, 내가 어찌 나의 왕 나의 구주를 저주하리요"라고 대답하며, "불이여, 오라. 사자여, 오라. 주여, 오늘 주님의 고난에 동참하게 하심을 감사하나이다. 저를 순교자의 영광에 들어가게 하심을 감사하나이다"라고 기도한 후 산채로 화형을 당했습니다.

주님께서는 다음과 같이 말씀하셨습니다.

> 너희가 사람 앞에서 나를 시인하면, 인자도 하나님 앞에 저를 시인하리라(눅 12:8).

성경은 다음과 같이 말씀합니다.

> 사람이 마음으로 믿어 의에 이르고 입으로 시인하여 구원에 이르느니라(롬 10:10).

여기서 입으로 '시인'(ὁμολογεω)한다는 말은 '동일한 신앙을 고백한다(confess)'라는 뜻을 갖고 있습니다.

참된 신앙이란 삼위일체 하나님에 대한 바른 앎과 전적인 신뢰에 기초합니다. 그러므로 모든 성도는 하나님과 세상 앞에서 일치된 신앙고백을 해야 하고, 동시에 그 신앙고백에 부합하는 신실하고 충성된 삶이 뒤따라야 합니다.

제7장

성경과 신조의 권위

성경은 '신앙의 절대 규범'이요, 신조는 '교리의 공적 규범'이라고 말합니다. 여기서 성경은 모든 신조의 표준이요 원천입니다.

그런즉 기독교의 모든 신조는 반드시 성경에서 나와야 하고, 오직 성경에 부합한 신조만이 정통신조라고 불릴 수 있습니다.

거룩하신 하나님의 말씀인 성경은 하나님께서 역사적으로 계시하신 객관적 진리로서, 하나님의 말씀으로서의 권위와 함께 충족성과 명료성과 완전성을 갖고 있습니다. 그것은 사람이 구원을 얻고 하나님 앞에 참된 삶을 살아가는 데 완전하고 명확하며 충족한 진리의 말씀이라는 것입니다.

아울러 공인신조는 기독교회의 공적 규범으로서, 성도의 신앙과 삶을 위한 정통교리의 표준이자 목회자들의 교회사역을 위한 목양의 공적인 규범입니다.

흔히 어떤 이들은 성경만 있으면 된다고 생각하여 신조를 무시하는 경우가 있습니다. 또한 성령과 성경만 있으면 되고, 어떤 교리나 교회의 공적인 가르침은 필요가 없다고 주장하는 사람도 있습니다.

그러나 이러한 사고는 하나님의 주권적이고 역사적인 섭리를 부정하고, 더욱이 성경에 계시된 기독교 신앙의 명료성과 객관성을 무시하는 처사입니다. 결국 신조나 교리를 도외시하는 이들은 자신의 죄성과 무지로 말미암아 주관주의적 사고에 빠지게 되고, 거짓되고 위선적이며 허망한 종교생활로 나아가게 됩니다.

우리는 성경과 함께 기독교의 공인신조에 고백된 진리를 신앙과 삶의 공적 규범으로 소중히 여겨야 하고, 주의 교회는 정통신조의 내용들을 성도들에게 잘 가르치며 전수해야 할 것입니다. 아울러 모든 성도는 진리에 대한 바른 이해와 온전한 순종의 삶으로 하나님께 영광을 돌리며 살아가도록 힘써야 할 것입니다.

제8장

신조의 필요성

기독교의 신조는 초기부터 성도의 신앙교육의 수단이자 기독교회를 세우는 데 중요한 도구로 사용되었습니다.

첫째, 초기 기독교에서 신조나 요리문답은 주로 세례자를 위한 교육과 문답에 사용되었습니다. 또한 신조는 교회의 직분자를 세우는 임직식이나 종교의식에서 신앙서약문으로 사용되었습니다.

둘째, 기독교회의 신조는 성도와 교회에게 정통교리를 가르쳐 거짓된 신학사상과 악한 이단사상을 대적하게 하는 신앙의 참된 표준이자 진리의 규범이었습니다. 그래서 신조는 성도들에게 참 목자와 거짓 목자, 참 교회와 거짓 교회를 바르게 분별하는 올바른 척도가 되었던 것입니다.

셋째, 신조는 목회자들에게 성경의 해석과 설교의 공적인 지침으로 사용되었으며, 그들이 교회를 바르게 세우고 치리해 나가도록 하는 매우 중요한 규범이 되었습니다. 즉 신조는 기독교회가 다음 세대의 지도자를 키우고, 후대에 참 신앙과 진리를 바르게 전수하고 계승할 수 있도록 돕는 훌륭한 도구입니다.

넷째, 신조는 기독교회가 성경의 참된 진리 안에서 진정한 연합을 이루도록 하는 교회연합의 토대와 표준이 되었습니다. 이것은 주의 교회가 연합하여 이단사상을 대항하는 한편 정통교리 안에서 신앙적 일치와 공동체의 하나 됨을 이루는 가장 중요한 기초입니다.

제9장

정통신앙의 3대 요소

　기독교 정통신앙은 성경적이고 사도적이며 공교회적인 신앙고백 위에 기초합니다. 또한 정통교회란 정경적이고 역사적이며 신앙고백적인 신학 전통을 따라 믿고 행하는 교회라고 말할 수 있습니다.

　여기서 정통신앙의 가장 중요한 특징은 그것이 한 사람의 주관적인 깨달음이나 개인적인 경험도 아니며, 한 시대와 한 지역의 특정 종교단체의 사상이나 가르침이 아니라는 것입니다.

　오늘날에는 많은 기독교 이단들과 거짓 교사들이 등장하여 비성경적이고, 비역사적이며, 반교회적인 그릇된 신학사상과 사적이고 거짓된 교리로 많은 사람들을 미혹하고 있습니다.

이와 같은 미혹의 시대에, 모든 성도는 정통교리의 내용을 바르게 배우고 무장함으로 악한 이단들과 그릇된 신학사상을 분별하고 그들을 대항하여 순수한 신앙과 진리를 파수해야 할 것입니다.

기독교의 정통신앙이라면 반드시 다음과 같은 3가지 요소에 부합해야 할 것입니다.

첫째, 성경적(Biblical) 신앙입니다. 이는 오직 성경만이 신앙의 절대 표준이며, 오직 성경에 부합한 신앙과 교리만이 정통신앙이요 정통교리라는 것입니다. 그러므로 어떤 사람이나 단체가 주장하는 특정한 교리가 전체 성경의 가르침과 맞지 않는다면, 우리는 결코 그것을 받아들여서는 안 될 것입니다.

둘째, 사도적(Apostolic)이며 역사적(Historical) 신앙입니다. 성경에서 주의 교회가 "사도들과 선지자들의 터" 위에 세워졌다고 말씀하고 있습니다(엡 2:20). 그런즉 정통신앙이란 성경에 기초하여 주의 사도들이 전파하고 가르친 예수 그리스도의 순수한 복음과 진리의 참된 가르침을 바르게 계승해야 한다는 것입니다.

셋째, 공교회적(Catholic) 신앙입니다. 기독교의 정통신앙은 보편교회가 공의회를 통해서 성경에 기초한 참 진리라고 믿고 고백한 것에 기초를 두어야 하는데, 그것은 바로 기독교회가 공적으로 확정한 신앙고백(Confession of Faith) 혹은 신조(Creed)에 근거해야 한다는 것입니다.

성령께서는 교회사 속에서 교회가 성경을 바르게 해석하여 참 진리를 알고 고백하여 '정통신조'를 작성하도록 역사하셨습니다. 그런즉 기독교의 신조는 성령께서 성경으로 주의 교회를 위해 일하신 크신 섭리의 열매이자, 기독교회사의 소중한 유산입니다.

참된 성도는 성경적이고 사도적이며 역사적이고 공교회적인 정통신앙을 따르고, 기독교의 공인신조에 나타난 참 진리를 따라 신앙하며 온전히 순종함으로 하나님께 영광을 돌려야 할 것입니다.

제10장

정통신앙과 사도신경

　오늘날 역사신학 혹은 기독교회사는 교회사 전반과 정통교리의 형성과 발전 과정을 탐구하여, 기독교회의 토대가 되는 참된 진리를 올바로 규명하고 그것을 계승하며 전수할 사명을 갖고 있습니다.

　기독교회사를 살펴보면, 초대교회 안에는 초기부터 성경에 근거한 참 믿음 곧 정통신앙을 분명히 하기 위해 사도들의 가르침을 고백한 것이 나타났습니다. 그것이 주의 교회가 공적인 주일예배 가운데 항상 고백해 온 '사도신경'입니다.

　사도신경은 성경적이고 사도적이며 공교회적인 신앙고백으로서 기독교 신앙의 본질이며, 또한 하나님을 아는 지식의 총체로서 성경의 핵심 진리이자 모든 공인신조의 기원이 되어 오늘에까지 이어져 내려온 기독교의 가장 중요한 신앙고백입니다.

주의 교회와 성도들은 이 사도신경 안에 고백된 진리의 핵심 내용으로서 삼위일체 하나님과 정통교리에 대해 바르게 알고 고백하도록 해야 할 것입니다.

기독교회는 신앙의 참된 토대인 성경과 신조를 따라서 주 여호와 하나님을 성도들에게 바르게 가르치고 전수하는 일에 힘써야 합니다. 이는 모든 사람의 생명과 관련된 가장 중요한 일이며, 사람의 크고도 제일된 목적입니다. 왜냐하면 살아 계신 하나님께서는 하나님을 아는 참된 지식에서 나온 참된 경배와 온전한 신뢰 그리고 거룩하고 선한 삶을 통해서 영광을 받으시기 때문입니다.

> 영생은 곧 유일하신 참 하나님과 그가 보내신 자 예수 그리스도를 아는 것이니이다(요 17:3).

제2부

삼위일체 하나님

제1장 사도신경의 명칭
제2장 사도신경의 역사적 배경
제3장 사도신경의 구조
제4장 기독교 교리의 형성
제5장 삼위일체론 논쟁
제6장 정통신조의 선언
제7장 하나님의 존재
제8장 하나님의 사역
제9장 하나님의 사역 원리
제10장 주일예배와 신앙고백

사도신경(Apostle's Creed)은 기독교 신앙의 기원을 담고 있는 기독교의 본질이요, 하나님을 아는 지식의 총체입니다. 그리고 이 사도신경이 고백하고 있는 신앙의 내용은 바로 삼위일체 하나님에 관한 참된 지식이라고 말할 수 있습니다.

16세기 종교개혁 시기에 기독교회가 작성한 정통신조에는 하나님께 대한 참된 신앙의 내용이 잘 고백되어 있는데, 그것은 '사람의 참된 목적'에 대한 고백으로 시작합니다.

먼저 제네바요리문답(1542) 제1문은, "사람의 제일된 목적은 무엇입니까?"라고 질문한 뒤, 그것은 "하나님을 아는 것입니다"라고 답하고 있습니다. 또한 웨스트민스터소요리문답(1648) 제1문은, "사람의 가장 고귀한 목적은 무엇입니까?"라는 질문에 대하여, "그것은 하나님을 영화롭게 하고, 오직 그분만을 영원토록 즐거워하는 것입니다"라고 답하고 있습니다.

제1장

사도신경의 명칭

일반적으로 신경 혹은 신조(creed)란 말은 라틴어 '*credo*'에서 유래된 것으로서, '나는 믿는다'(I believe in)라는 뜻을 가지고 있습니다.

그런데 이 단어는 원래 심장을 뜻하는 '*cordia*'(heart)와 주다는 뜻을 가진 '*do*'(give)가 합쳐져서 된 말로서, '믿는 대상에게 나의 심장을 바칩니다'라는 의미를 가지고 있습니다.

16세기 스위스 제네바의 종교개혁가 존 칼빈(John Calvin, 1509-1564)의 목회좌우명은 다음과 같았습니다.

주여 나의 심장을 즉시 그리고 신실하게 드립니다
(My heart I offer to you, Lord, promptly and sincerely).

다음으로 사도신경(*Symbolum Apostolicum*)이란 용어에서 '신경'(Συμβολον)이란 말은 헬라어로 '함께'(*Sum*)라는 단어와 '던지다'(*ballo*)라는 단어가 합성되어 '함께 던지다'(put or throw together)라는 의미가 있어 신조의 의미를 잘 나타내주고 있습니다.

그래서 신조란 하나님을 믿는 개개인의 성도가 자신의 신앙을 개별적으로 고백함으로써 신앙공동체의 일원이 된다는 의미를 가지며, 또한 신조는 개개인이 공동체와 함께 '던지는'(고백하는) 신앙적 표현으로서 '공적인 신앙고백'이라고 말할 수 있습니다.

기독교회는 니케아회의(325) 이전에는 사도신경을 '진리의 규범', '신앙의 규범', '사도적 전통', '사도적 가르침'이라고 불렀으나, 나중에는 '신앙의 상징'이라고 불렀습니다. 여기서 사도신경을 '사도들의 상징'이라고 부른 것은 사도신경이 바로 정통과 이단을 구분하는 '기독교인의 징표' 혹은 '참된 신앙의 표준'이 된다는 의미입니다.

제2장

사도신경의 역사적 배경

 사도신경은 기독교의 초기부터 등장하여 사용되다가 점차 8세기경에 공인된 본문으로 완성되어 지금까지 내려온 가장 오래된 신앙고백이며 정통신조입니다. 그래서 이 사도신경은 역사상 모든 신조의 기초로서 기독교교리의 체계와 본질을 제시해 주었으며, 지금까지 기독교의 정통신학과 기독교회에 지대한 영향을 주고 있습니다.

 기독교회사 속에서 '신경'의 초기 형태는 107년경에 안디옥교회의 감독이었던 이그나티우스(Ignatios, 50-117)가 보낸 편지에서부터 잘 나타나고 있으며, 150년경에는 '사도들의 편지'라는 신경이 로마제국 내의 여러 지역 교회들에서 등장하였습니다.

 당시에 초대교회 안에서 널리 사용하던 기독교 신앙과 진리의 요점을 담은 신앙문서들은 이미 오늘날의 사도신경과도 매우 유사한 구조와 핵심 진리의 내용들을 담고 있었습니다.

180년경에는 순교자 폴리캅의 제자로서 기독교 최초의 조직신학자라고 불리는 프랑스 리옹의 감독 이레니우스(Irenaeus, 130-202)는 자신의 저서 『이단반박』이란 책에서 현재의 사도신경과 일치된 초기신경의 독특하고 고유한 양식을 반복하여 소개하였습니다.

215년경에는 '로마신경'이 사용되었으며, 이는 히폴리투스가 만든 '사도적 전통'(Apostolic Tradition)에 대한 문답으로 작성한 것입니다. 이 로마신경은 "너희는 나를 누구라 하느냐", "주는 그리스도시요 살아 계신 하나님의 아들이시니이다"(마 16:15-16)라는 말씀을 기초로 삼았으며, 그 내용은 신앙의 대상이신 창조주 하나님, 독생자 예수 그리스도, 성령, 거룩한 교회, 성도의 부활 등이었습니다.

사도신경에 대한 헬라어 본문은 마르셀루스(336-341년)가 제시했으며, 또한 라틴어로 기록된 최초의 본문은 390년에 루피누스가 밀라노 노회를 통해 시리키우스에게 보낸 글에서 소개되었고, 이후에 그 주석(404년)도 소개되었습니다. 이 신앙고백의 문서를 '사도신경'이라고 공식적으로 명칭을 붙인 것은 로마교구 북부지역 밀란의 주교였던 암브로시우스였습니다. 그리고 400년경에 로마와 밀란에서 참된 기독교신앙을 접하고 사제가 된 어거스틴은 히포 레기우스에서 라틴어 및 헬라어 본문과 동일한 사도신경을 제시하여 사용하였습니다.

그 후 8세기경에 이르러서 현재의 사도신경과 동일한 내용이 '공인 본문'(*Textus Receptus*, 700)으로 작성되었고, 서방교회를 중심으로 한 기독교회에서 보편적으로 사용되었으며, 오늘날 현대교회에까지 계승되고 있습니다.

제3장

사도신경의 구조

사도신경은 '나는 믿습니다'라는 3가지 고백을 중심으로 하는 핵심 진리를 담고 있습니다. 그것은 바로 생명의 주요 신앙의 원천이 되시는 삼위일체 하나님에 대한 신앙고백입니다. 즉 성부, 성자, 성령 하나님의 존재와 사역에 대한 내용을 포함하고 있습니다.

참된 신앙이란 바로 삼위일체 하나님을 참되고 바르게 아는 것이며, 모든 성도는 하나님을 바르게 아는 가운데 바른 신앙고백과 일치된 삶으로 하나님께 영광을 돌려야하는 것입니다.

첫째, 제네바요리문답(1542)은 참된 신앙과 관련하여 다음과 같이 고백합니다.

> 하나님의 참된 신뢰의 근거는 바로 예수 그리스도 안에서 하나님을 아는 것에 있는데, 이런 지식의 핵심이 모든 그리스도인들이 고백하는 신앙고백 곧 사도신경에 요약되어 있다.

이 제네바요리문답에서는 사도신경을 넷으로 구분하여, 삼위일체 하나님(성부, 성자, 성령)과 교회(혹은 교회를 향한 하나님의 모든 은혜로운 행위)로 나누어 설명하고 있습니다.

둘째, 하이델베르크요리문답(1563)은 복음과 관련하여 다음과 같이 고백합니다.

> 그리스도인은 하나님께서 복음으로 우리에게 약속하신 모든 것을 믿어야 하는데, 그 복음은 사도신경에 요약되어 있으며 전 세계적으로 고백되어지는 믿을 만한 기독교신조다.

이 하이델베르크요리문답에서는 사도신경의 구조를 셋으로, 곧 '성부 하나님과 우리의 창조, 성자 하나님과 우리의 구원, 성령 하나님과 우리의 성화'로 나누어 설명하고 있습니다.

결론적으로 사도신경은 하나님을 아는 참된 지식의 총체로서, 삼위일체 하나님에 대한 올바른 고백을 담고 있다는 것입니다. 그래서 '당신은 누구를 믿습니까?'라는 질문에 대하여, '나는 성부, 성자, 성령 하나님을 믿습니다'라고 고백하는 형식을 갖고 있습니다. 이와 같이 사도신경은 삼위 하나님의 존재와 사역에 대하여 고백하면서, 우리의 구원과 삶의 주체가 되신 삼위일체 하나님을 소개하고 있습니다.

제4장

기독교 교리의 형성

 삼위일체론은 기독교 신앙의 정수이며 복음의 핵심입니다. 왜냐하면 기독교의 교리가 삼위일체론에 대한 교리적 발전 과정 속에서 형성되었고, 우리의 구원이 바로 삼위일체 하나님께 달려 있기 때문입니다.

 첫째, 삼위일체론은 성자와 성부의 동일본질(ὁμοούσιος)에 대한 문제로부터 시작되었습니다. 즉 '과연 예수 그리스도가 성부 하나님과 동일본질을 가지신 분이신가 아니면 다른 본질을 가지신 분이신가'입니다.

 둘째, 성자이신 예수 그리스도의 양성 곧 신성과 인성의 연합(위격적 연합, Hypostatic Union)에 문제가 대두되었습니다. 즉 '그리스도가 참 하나님이시고 참 사람이시라면

한 분이신 그리스도 안에 어떻게 신성과 인성이 결합되어 존재하고 사역하시는가'입니다.

셋째, 성자와 성령의 관계입니다. 그것은 성령의 하나님으로서의 신적 본질에 대한 문제로서, 성령이 오직 아버지로부터만 나오시는가(단일발출) 아니면 성부와 성자로부터 나오시는가에 대한 것이었습니다(이중발출, "그리고 아들로부터"[*Filioque*]).

제5장

삼위일체론 논쟁

삼위일체 하나님에 대한 초기 논쟁은 크게 양태론적 단일신론(한 분 하나님이 계시며, 그분이 세 가지 양태로 나타나심)과 삼신론적 종속론(세 분 하나님이 계시며, 성부 하나님께 다른 두 분이 계급적으로 종속되어 있음)에 대한 것이었습니다.

그 후 4세기에 삼위일체론에 대한 중대한 논쟁이 일어났는데, 그것은 아리우스(Arius, 250-336)가 성자는 성부와 상이본질(相異本質, 성자는 하나님의 피조물로서 하나님과 다른 본질을 가지심)이라고 주장하여 교회를 큰 혼란에 빠뜨린 일이었습니다.

당시 정통신학자 아타나시우스(Athanasius, 293-373)는 로마제국의 콘스탄틴 황제에 의해 325년에 열린 기독교 최초의 세계공의회인 '니케아 공의회'에 참석하여 성부와 성자의 동일본질을 주장함으로 정통 삼위일체론을 확정하는 데 큰 공헌을 세웠습니다.

아타나시우스는 367년에 자신의 교구에서 '말시온주의'와 같은 이단들을 대항하기 위해 신약 27권의 목록을 처음으로 정경으로 인정하고 사용하였는데, 후에 그가 사용한 신약성경은 어거스틴이 주도하에 열린 카르타고회의(393, 397, 419)에서 공식적으로 기독교회의 정경으로 채택되기도 했습니다.

그런데 아타나시우스의 생애는 평탄치 못했습니다. 그는 니케아회의 이후에 이단자들의 모함으로 6차례 걸쳐 24년을 유배지에서 보냈습니다. 당시 그의 별명은 '세상이 감당치 못할 자'였으며, 그의 제자들이 유배지로 찾아와 "선생님, 온 세상이 선생님을 반대합니다"라고 말하자, 그는 "나도 세상을 반대하네"라는 유명한 말을 남기기도 했습니다.

제6장

정통신조의 선언

니케아신경(325)에서는 삼위일체 하나님에 대하여, 성부와 성자와 성령의 삼위가 동일본질로 한 분 하나님이심을 다음과 같이 고백하고 있습니다.

> 나는 유일하신 주 예수 그리스도를 믿는다. 그는 하나님의 독생자이시며, 온 우주에 앞서 나셨고, 참 신이시며, 참 빛이시며, 참 신 가운데 신이시며, 하나님에게서 나셨고, 창조함을 받지 않으셨고, 성부 하나님과 동일본질이시다. 또한 성령을 믿는다.

아타나시우스신경(500)에서는 다음과 같이 선언합니다.

> 삼위일체 하나님은 참되고 유일하신 하나님이시다.

우리는 이 각각의 삼위(성부, 성자, 성령)께서 그 스스로 하나님이시요, 주님이시라는 사실을 기독교의 진리로 받는 바이다. 삼위가 한 하나님으로서 함께 영원히 동등하시다.

그리고 다음과 같은 내용도 담고 있습니다.

삼위는 세 영원한 분들이 아니시며, 한 영원한 분이시다. 창조되지도 않았고 우리의 이해를 초월한 세 하나님이 있는 것이 아니라, 단 한 하나님만이 계실 뿐이다. 그러나 세 하나님의 전능자가 계신 것이 아니요, 오직 한 하나님의 전능자가 있을 뿐이다. 성부가 하나님이시듯이 성자도 성령도 하나님이시다. 그럼에도 세 하나님이 계신 것이 아니라 한 하나님만이 계실 뿐이다.

제7장

하나님의 존재

　우리는 영원하시고 전능하시고 무한하신 삼위일체 하나님에 대하여 우리의 이성으로 그분을 다 알 수 없으며, 오직 성경에 계시된 그대로를 믿고 고백할 뿐입니다.

　왜냐하면 사람의 최고선이신 여호와 하나님은 영원한 자존자이시며 우리의 창조주시고, 우리는 그분의 기쁘신 뜻 가운데 창조된 유한한 피조물이요 의존자이기 때문입니다.

　첫째, 여호와 하나님은 참되고 유일하신 하나님이십니다. 이 한 분 하나님 안에는 삼위 곧 성부와 성자와 성령이 계신데, 이 삼위가 곧 한 분 하나님이십니다. 즉 삼위 하나님이 본질상 동일한 신성을 가진 한 본질(essence), 한 실체(substance)로 존재하신다는 것입니다.

　삼위 하나님은 그의 권능과 영광과 본질과 속성에 있어서 결코 차별이 없으시며, 또한 삼위가 동일본질(ὁμοούσιος)을 가지신 통일적 실체로서 한 본질 혹은 한 실체로 존재하십니다. 그래서 삼위 하나님은 그 사역에 있어서도 한 실체로서 통일된 계획을 가지시고 통일적으로 사역하시는 것입니다.

둘째, 삼위 하나님은 위격적 상호관계에 따라서 구별되십니다. 그것은 삼위의 위격이 논리적 순서에 따라서 제1위이신 성부가 계시며, 다음은 제2위이신 성자가 계시고, 마지막으로 제3위이신 성령이 계신다는 것입니다.

이는 삼위의 위격(ὑπόστασις)에 대해서만 말하는 것이며, 특히 영원부터 무시간적인 성자의 발생(영원발생)과 성령의 발출(영원발출)을 말합니다. 영원부터 삼위의 상호관계는 성부가 성자를 대하여 항상 성부이시며, 성자는 성부를 대하여 항상 성자이시고, 성령은 성부와 성자로부터 항상 나오시는 분이십니다.

셋째, 삼위일체 하나님은 한 분으로서 그가 창조하신 피조물과 근원적이며 사역적인 관계를 가지십니다. 그러므로 삼위 하나님은 피조물에게 한 근원이요 한 주체이십니다. 이는 삼위 하나님 곧 성부와 성자와 성령이 모든 피조물들의 창조주가 되시며, 주권자가 되신다는 것입니다. 즉 삼위 하나님은 모두가 혹은 일체로서 사람에게는 한 분 하나님이시며, 창조주, 구속주, 주권자, 왕이 되신다는 것입니다.

삼위 하나님은 '동일본질'을 가지신 한 분 하나님으로 (3 persons in 1 substance), 모든 피조물의 전 근원이 되시고, 창조와 구원의 주체가 되시며, 나아가 모든 피조물의 경배와 영광의 대상이십니다.

우리 주 예수 그리스도께서는 하나님의 영원한 경륜을 따라 이 땅에 오셔서 구속사역을 완성하시고 하늘로 승천하시기 전에 자신의 제자들을 향하여 다음과 같이 명령하셨습니다.

> 너희는 가서 모든 족속으로 제자를 삼아 성부와 성자와 성령의 이름 세례를 주고, 내가 너희에게 분부한 모든 것을 가르쳐 지키게 하라(마 28:19-20).

이 말씀은 하나님께 나아오는 모든 성도는 반드시 예수 그리스도 안에서 삼위일체 하나님을 바르게 아는 참된 지식과 분명한 믿음을 가져야 하며, 또한 거듭난 성도는 하나님 앞에서 올바른 신앙고백을 하고 그 고백한 대로 살아감으로써 참된 제자가 된다는 사실을 밝히 가르쳐 주고 있습니다.

제8장

하나님의 사역

　삼위일체 하나님의 사역은 삼위 하나님께서 실체적 통일성을 가지시고 한 본질과 한 실체로 존재하심에 기초합니다. 그것은 삼위 하나님께서 모든 일에 대하여 통일된 계획을 세우시고, 그 계획을 이루시기 위해 통일적으로 사역하신다는 것을 말합니다.

　아울러 하나님의 사역은 크게 내적 사역과 외적 사역으로 나누어 살펴볼 수 있습니다.

　첫째, 하나님의 내적 사역은 영원 전에 무시간적인 사역으로서 만물이 생기기 전에 행하신 하나님의 자유로우신 의지에 기초한 사역이며 작정의 행위입니다. 이것은 하나님께서 자신의 영원한 영광을 위하여 그 기쁘신 뜻을 따라서 만물에 대한 영원한 경륜을 세우시는 일입니다.

하나님의 '작정'(decrees)은 하나님께서 피조세계가 존재하기 전에 만물의 계획과 목적을 미리 정하시는 사역입니다. 여기에는 만물에 대한 하나님의 일반작정과 도덕적 피조물들을 향한 특별작정으로서 예정이 있습니다.

하나님의 '예정'(predestination)은 하나님께서 창세전에 도덕적 피조물들(천사들과 사람들)의 운명을 미리 정하시는 것입니다. 즉 하나님께서는 영원부터 예수 그리스도 안에서 구원하사 영생을 주실 자들(택자)을 선택하셨으며, 동시에 하나님의 공의로 그들의 죄를 따라 영벌에 처할 자들(유기자)을 미리 작정하셨다는 말입니다.

둘째, 하나님의 외적 사역은 창조와 섭리의 사역을 말합니다. 이는 하나님께서 자신이 세우신 영원한 경륜을 이루시기 위해 역사 속에서 자신의 뜻을 실행하시는 것으로서, 그것은 하나님께서 만물과 사람을 창조하시고 섭리하시는 일체의 행위를 말합니다.

결론적으로 삼위일체 하나님은 그 사역에 있어서 한 실체로서 통일적으로 일하십니다. 즉 삼위로서 한 분이신 하나님께서 단일한 의지를 가지시고 통일된 작정을 통하여 통일된 계획을 세우시고, 또한 이 영원한 계획을 통일된 사역을 통해 이루시는 것입니다.

제9장

하나님의 사역 원리

하나님께서는 피조물과의 사역적 관계에 있어서, 삼위의 위격적 사역에는 구별이 있으나 동시에 사역하시며 분리되지 않으십니다. 즉 한 본질과 한 실체이신 삼위일체 하나님께서는 동시적이고 비분리적으로 사역하시지만, 위격적으로 구별되게 사역하신다는 말입니다.

이러한 하나님의 사역의 원리는 '파송'(ἀποστέλλω, send) 곧 보내심(mission)의 관계로 이루어집니다. 먼저 성부는 성자를 보내시는데(요 20:21), 성자는 하나님의 본체로서 성부와 동일하시지만 인성으로는 자신을 비하하심으로 종의 형체를 가지고 오셨습니다. 물론 성자는 영원한 뜻을 이루시기 위해 피동적이면서도 능동적으로 이 땅에 오신 것입니다. 또한 성부와 성자는 성령을 보내시는데(요 14:16), 이와 같이 성령은 수동성과 함께 능동성을 갖고 나오시는 것입니다.

여기서 하나님의 외부로의 사역은 그의 구속경륜을 따라 성부가 주재자로, 성자는 구속주로, 성령은 실행자로 불립니다. 물론 모든 하나님의 영광이 삼위에게 함께 귀속되지만, 대표적으로 창조의 영광은 성부에게, 구속의 영광은 성자에게, 능력의 영광은 성령에게 돌려진다고 말할 수 있습니다.

이 삼위일체 하나님의 동시적이고 분리되지 않는 사역은 삼위 하나님의 실체적 통일성에 근거하고 있습니다. 그러므로 삼위 하나님이 한 실체로서 하나의 뜻과 통일된 계획을 세우시고, 또한 통일된 사역을 통하여 하나의 목적을 이루시는 것입니다.

그러므로 모든 성도는 삼위일체 하나님의 통일된 사역 원리에 의하여, 곧 하나님의 주권적인 은혜로 말미암아 모두가 예수 그리스도를 믿는 동일한 믿음으로 동일한 구원을 얻게 되는 것입니다.

삼위일체 하나님께서는 자신의 영원한 경륜을 이루시기 위하여 항상 통일적으로 사역하시는데, 사역의 근본 원리는 성부로부터(from) 성자 안에서(in) 성령으로 말미암아(through) 그분의 뜻을 이루시는 것입니다.

삼위일체 하나님의 비분리적이고 동시적인 사역의 원리를 성도의 실제적인 신앙생활에 적용해서 살펴볼 수 있습니다. 실례로 성도들의 기도생활에 있어서, 삼위일체적인 바른 기도는 바로 '성부이신 아버지 하나님께 성령 하나님의 은혜로우신 인도하심을 따라 오직 성자이신 예수 그리스도의 이름으로 간구해야 한다'는 것입니다.

결론적으로 우리는 삼위일체이신 여호와 하나님에 대하여, 다음과 같이 고백하고 있습니다.

> 참되고 유일하시며 자존하시는 삼위일체 여호와 하나님을 믿는다. 또한 하나님은 성부, 성자, 성령의 삼위로 계신데, 삼위가 한 분이시다. 그리고 삼위는 동일본질로서 한 실체로 존재하시는데, 하나님은 동시에 사역하시며 결코 분리되지 아니하신다.

화란의 신학자인 바빙크(Herman Bavinck, 1854-1921)는 '삼위일체론은 기독교 신앙의 총체요, 본체이고, 모든 교의의 뿌리이며, 또한 우리의 신앙고백의 핵심'이라고 보았습니다. 그래서 그는 다음과 같이 고백하고 있습니다.

> 이 거룩한 삼위일체야말로 우리의 신앙고백의 중심이요 핵심이며, 우리의 참된 종교를 구별 짓는 표지요, 그리스도의 모든 참된 신자들의 찬송이요, 위로인 것이다. 이 거룩한 삼위일체에 대한 고백이야말로 기독

교교회가 안전히 보존하고 수호하도록 책임을 맡은 보배로운 진주인 것이다(『개혁교의학 개요』, 169-170).

제10장

주일예배와 신앙고백

　우리가 주일예배에서 사도신경으로 공적인 신앙고백을 행함으로, 하나님께 나아간다는 것은 매우 중요한 의미를 갖고 있습니다.

　참된 예배는 여호와 하나님의 거룩하시고 엄위하신 예배로의 부르심에 대하여, 그분의 백성들이 참되고 유일하신 하나님을 향한 경외함을 가지고 나아가 하나님을 아는 참된 지식 가운데 신앙을 고백함으로 시작되는 것입니다. 즉 참된 예배는 삼위일체 하나님과 참 진리를 담고 있는 사도신경을 통한 올바른 신앙고백에 기초하는 것입니다.

　사도신경은 성경의 핵심 진리로서 하나님에 대한 참된 지식과 함께 그분께서 하나님의 영원한 경륜을 따라 행하시는 사역 곧 창조와 구속과 성화에 대한 모든 내용을 담고 있습니다. 그러므로 우리는 사도신경을 통하여 성부와 성자와 성령, 삼위일체 하나님의 존재와 사역 전체를 바르게 이해하고, 하나님 앞에 올바른 신앙고백으로 나아가야 할 것입니다.

본래 초기 기독교회 안에서 사도신경은 주로 세례문답용으로 사용되었기 때문에 '세례신경'이라고도 불렀습니다. 이는 예수 그리스도를 믿고 거듭난 성도가 주님의 교회의 정회원으로서 신앙생활을 하기 위해서는 사도신경을 통하여 올바른 신앙고백을 해야만 한다는 의미를 담고 있습니다. 또한 사도신경이 구원받은 성도의 신앙과 삶의 공적인 표준이요 생활규범이 된다는 것입니다.

우리가 사도신경으로 신앙고백을 행함은, 하나님의 자녀인 성도가 거룩하신 삼위일체 하나님 앞에서 구원받은 하나님의 백성으로서 엄숙히 서약하는 것과 같습니다. 이는 거룩하시고 엄위하신 삼위일체 하나님 앞에서 이 신앙고백의 정신과 내용을 따라 바르게 살겠다는 그의 백성된 자들의 헌신의 고백인 것입니다.

모든 성도는 주일예배에 참여하여 우리를 창조하시고 구속하신 하나님께 진정한 감사와 찬송 그리고 참된 신앙고백을 올려 드립니다. 이는 이 세상의 삶 속에서도 자비롭고 은혜로우신 하나님만을 온전히 기뻐하고 신뢰하며 오직 하나님께만 영광을 돌리며 살겠다고 새롭게 고백하고 결단하는 것입니다.

주 예수 그리스도의 은혜와 하나님의 사랑과 성령의 교통하심이 너희 무리와 함께 있을지어다(고후 13:13).

아멘!

제3부

하나님의 경륜과 비밀

제1장 기독론 논쟁

제2장 정통신조의 선언

제3장 그리스도의 양성의 필요성

제4장 하나님의 경륜과 비밀

제5장 하나님의 비밀이신 그리스도

제6장 하나님의 기쁘신 뜻

제7장 중보자 그리스도의 신분

제8장 중보자 그리스도의 사역

제9장 구원의 원리

제10장 구원의 목적

제1장

기독론 논쟁

    기독교의 정통교리는 예수 그리스도에 대한 기독론 논쟁으로부터 시작되어 하나님에 대한 삼위일체론 논쟁으로 발전되면서 그 교리의 온전한 체계가 완성되었습니다.

    초기의 기독교교리 논쟁의 핵심은 주님께서 "너희는 나를 누구라 하느냐?"(마 16:15)라고 하신 질문에 대한 올바른 답을 찾는 것이었습니다. 다시 말하면, '그리스도가 누구냐?' 즉 '그분이 하나님이신가, 아니면 사람인가?'에 대한 것입니다.

    당시 유대적 기독교 분파였던 에비온주의자들(Ebionism)은 오직 성부만을 하나님으로 인정하는 단일신론을 주장하면서, 예수 그리스도의 신성을 부정하였습니다. 또한 헬라적 기독교 분파였던 영지주의자들(Gnosticism)은 이원론 사상을 가지고, 예수 그리스도의 인성을 부정하였습니다.

그리고 신령주의 이단인 몬타니즘(Montanism)은 자신들의 교주를 가리켜서 하나님 혹은 보혜사라고 주장하였으며, 그가 죽은 후에는 장차 여성형 재림 예수가 올 것이라고 거짓 예언을 말하였습니다.

초대교회의 사도들과 참된 교회지도자들은 논쟁을 빚어온 헬라철학의 '로고스'(λόγος)사상과 '그리스도'(Χριστός)와의 관계에 대하여, 구주 예수 그리스도가 육체로 성육신하시고 부활하신 것과 장차 재림하실 것을 명확히 선언함으로써 주님의 구속사역에 대한 역사적 확실성을 올바로 증거했습니다.

사도 요한은 다음과 같이 말합니다.

> 사랑하는 자들아 영을 다 믿지 말고 오직 영들이 하나님께 속하였나 분별하라. 많은 거짓 선지자가 세상에 나왔음이라. 이로써 너희가 하나님의 영을 알지니 곧 예수 그리스도께서 육체로 오신 것을 시인하는 영마다 하나님께 속한 것이요. 예수를 시인하지 아니하는 영마다 하나님께 속한 것이 아니니 이것이 곧 적그리스도의 영이니라. 오리라 한 말을 너희가 들었거니와 지금 벌써 세상에 있느니라(요일 4:1-3).

다음으로 후기의 기독론 논쟁은 바로 참 하나님이시고 참 사람이신 예수 그리스도의 신성과 인성의 연합에 대한 문제였습니다. 그것은 한 분이신 그리스도 안에서 신성과 인성이 어떻게 연합하여 존재하고 또한 그분께서 어떻게 구속사역을 이루는지에 대한 것이었습니다.

4세기 말에 아폴리나리우스(Apollinarius, 310-390)는 그리스도의 신성이 완전한 사람의 영혼만을 차지하고 육체와는 무관하다고 주장하여 완전한 결합을 부정하였습니다. 그는 영지주의 이분설에서 발전된 가현설(Docetism)과 궤변적인 혼합주의 삼분설(영, 혼, 육)을 주장하였는데, 결국 그와 함께 역사상 삼분설을 기초로 한 신학사상은 모두가 이단으로 정죄되고 말았습니다.

5세기 초에 네스토리우스(Nestorius, 386-451)는 그리스도의 두 본성은 그 고유한 특성을 유지한다고 보았습니다. 그래서 로고스는 성육신을 통해 인간과 결합하였으므로 그리스도는 신성과 인성이 완전히 결합된 사람이 아니라 '하나님을 지닌 인간'이라고 주장했습니다. 이러한 사고는 그리스도의 신성과 인성의 완전한 결합을 거부하고 단지 두 본성에 대한 기능론적이고 기계론적인 시각만을 주장함으로 결국 이단으로 정죄되고 말았습니다.

그리고 5세기 중반에 유티케스(Eutyches, 375-454)는 그리스도의 신성과 인성이 결합할 때, 신성이 인성을 흡수하여 제3의 존재로 변화된다는 단성론(Monophysitism)을 주장하였습니다. 이러한 주장은 예수 그리스도의 인성의 실체를 부정함으로 이단으로 정죄되었으며, 이후 7세기에는 그의 사상을 이어받아 그리스도가 오직 하나의 의지만을 가지고 있다는 단의론(Monothelism)을 주장한 자들이 다시금 이단 사상으로 정죄되고 말았습니다.

제2장

정통신조의 선언

칼케돈신경(451)은 예수 그리스도의 신성과 인성의 온전한 일치와 결합에 대하여 다음과 같이 고백합니다.

> 우리는 이 한 분의 유일하신 그리스도(성자, 주)를 두 가지 본성을 타고 나신 독생자로 인정하며, 이 두 가지 본성이 혼동되거나, 한 본성이 다른 본성으로 변하거나, 두 다른 분리된 범주로 갈라지거나, 양성의 영역과 기능에 따라 각각 대립되지 않는 것을 인정한다. 두 본성의 각각의 특성은 연합으로 인하여 무효가 되지 않는다. 오히려 각성의 고유성이 보존되고 양성이 한 품성과 한 자질로 일치를 이룬다. 양성은 갈라지거나 두 품성으로 분리될 수 없고 오직 합하여 하나님의 한 분이시며 유일하게 독생하신 하나님, 주 예수 그리스도

가 되셨다.

아타나시우스신경(500)은 예수 그리스도가 완전한 하나님이신 동시에 완전한 인간이심을 밝히고, 또한 예수 그리스도에 대한 올바른 고백이 참된 신자들의 영원한 구원의 참된 도리요 참된 믿음과 내용이라고 말하면서, 다음과 같이 고백하고 있습니다.

> 영원한 구원을 얻는 데에는 우리 주 예수 그리스도의 성육에 대하여 올바로 믿어야 한다. 올바른 믿음이란 하나님의 아들이신 우리 주 예수 그리스도께서는 하나님이시요 동시에 인간이라는 사실을 믿고 고백하는 것이다. 그는 성부의 본질에서 나신 하나님이시며, 이 세상이 생기기 전에 나신 자요, 동시에 인간으로서는 그 어머니의 본질로부터 이 세상에서 나신 분이시다. 완전한 하나님이시요 또한 완전한 인간으로서 이성 있는 영과, 인간의 육신으로서 생존하신다. 신성으로서는 성부와 동등되나 그의 인성으로서는 성부보다 낮으신 분이시다. 비록 그는 하나님이시며 인간이 되시긴 하나 둘이 아니요, 한 분 그리스도이실 뿐이다. 하나 됨에 있어서는 그의 신성이 육신으로 전환된 것이 아니

라(육신화함으로써가 아니며) 인간의 몸을 취한(그의 인성을 신성 안에 받음으로써) 하나님이 되시는 분이시다. 온전히 하나인데, 그 본질이 혼합된 분이 아니라 품격의 통일성으로 하나되신 분이시다. 한 인간이 영혼과 육신을 가졌듯이, 한 그리스도께서는 하나님이시요 동시에 인간이 되신다.

오늘날 기독교의 정통교리는 예수 그리스도의 양성의 결합이 그의 '위격적 연합'(ἕνωσις ὑποστατική, hypostatic union)을 통해 이루어졌다고 말합니다. 이는 그리스도가 성자 하나님으로서의 신성을 지닌 완전한 위격 안에서 인성을 취하심으로 한 인격 곧 한 사람이 되셨다는 것입니다. 즉 그리스도 안에서 신성과 인성이 영원한 결합을 이루고 있는데, 이는 실재적이고 초자연적이며 인격적이고 비분리적인 결합입니다.

예수 그리스도는 신성을 가지신 위격이 한 인격을 가진 사람과 결합한 것이 아니라, 성자 하나님이 자신의 신적 위격 안에서 인성을 취하심으로 신성과 인성의 두 본성이 완전히 결합된 한 사람이 되신 것입니다.

결론적으로 예수 그리스도의 성육신이 본질의 혼합이 아니라 인격의 하나임을 제시하는 것입니다(2 natures in 1 person).

그러므로 그리스도 안에는 두 본성인 신성과 인성의 구별이 있으나, 그것들이 분리되거나 혼합되거나 변화되고 흡수되지 않은 채로 완전한 결합을 이루고 있다고 고백하는 것입니다.

제3장

그리스도의 양성의 필요성

 우리는 예수 그리스도가 왜 신성과 인성의 양성을 가지시고 이 땅에 오셔야 했는지를 알아야 합니다. 이를 위해서, 먼저 하나님이 창조하신 우리 인간의 실상을 살펴보도록 하겠습니다.

 본래 창조주 하나님께서는 자신의 형상 곧 지식과 거룩함과 의를 따라 사람을 선하게 창조하셨습니다. 그러므로 생명의 근원이신 하나님은 사람의 최고선이시며, 사람은 하나님의 선물인 자유의지로 하나님께 순종하여 하나님께 영광을 돌리도록 창조되었습니다.

 하지만 사람은 자신의 탐심과 교만으로 인하여 마귀의 유혹을 받아 스스로 하나님께 불순종함으로 범죄하여 타락하였고, 그러한 죄의 대가로 사망과 심판과 영벌을 받게 되었으며, 자신이 결코 스스로를 구원할 수 없는 절망적인 처지에 놓이게 되었습니다.

자비와 은혜가 풍성하신 하나님께서는 이러한 절망적인 죄인들을 구원하시기 위해 예수 그리스도를 이 세상에 보내셨습니다. 그러므로 예수 그리스도는 하나님의 영원한 경륜을 따라서 인간의 죄 값을 대신 지불하고 그들을 구원하기 위하여 속죄양으로 오신 것입니다.

예수 그리스도는 하나님의 아들이신 채로 사람이 되셨습니다. 그런데 성자 하나님이 위격적 연합을 통하여 신성과 인성을 지닌 한 사람으로 태어나신 것은 영원 전에 예정하신 그의 택한 백성들을 그들의 죄와 사망 가운데에서 구원하기 위한 것이었습니다.

첫째, 신성의 필요성을 살펴보겠습니다. 그리스도는 하나님의 구속사역을 이루실 메시야로 오셔서 단번에 영원한 구속을 이루시고(히 10:12), 아담의 원죄로 인한 하나님의 공의의 진노를 감당하심으로 인간이 하나님께 지은 죄 값을 지불하시기 위해, 또한 하나님의 율법을 온전히 순종하심으로 그의 의와 영생을 전가해 주시기 위해, 그리고 그가 성취한 구속의 공로를 택한 자들에게 적용하실 성령을 보내시기 위해서 하나님이셔야만 했습니다.

둘째, 인성의 필요성을 살펴보겠습니다. 그리스도는 인간과 하나님 사이에 중보자로서 우리를 구원하시기 위해 완전한 인간이셔야 했고(히 2:14-15), 이는 죄인들의 대표자로 속죄양이 되기 위함이며(히 9:22), 또한 부활의 첫 열매와 하나님을 영화롭게 하는 모범이 되시기 위해(고전15:23), 그리고 인간 속에 하나님의 형상을 회복하시고 우리와 영원히 교제하시기 위해서 사람이셔야만 했습니다.

이제 기독교회는 성경적이고 올바른 기독론에 대하여 다음과 같이 고백하는 것입니다.

> 예수 그리스도는 삼위 가운데 제2위이신 성자 하나님이시다. 성부는 성자와 영원한 경륜을 따라서 구속언약을 맺으시고, 성자를 중보자로 이 땅에 보내셨다. 예수 그리스도는 위격적 연합을 통하여 완전한 하나님이시며 완전한 사람으로 성육신하셨는데, 이는 하나님께서 만세 전에 택하신 자들을 위해 중보사역을 감당하시기 위함이다. 예수 그리스도는 성령으로 잉태하사 동정녀 마리아에게 나시고, 수난을 받으사 십자가에 못박혀 죽으시고 장사되었다가 사흘만에 부활하셨으며, 또한 승천하시어 하나님 보좌 우편에 앉아 계시며, 지금도 신자들을 위해 중보하시고 계시다. 그리고

마지막 날에 주께서는 재림하시어 온 세상과 모든 사람을 심판하실 것이다. 오직 예수 그리스도만이 유일한 구주이시다.

제4장

하나님의 경륜과 비밀

예수 그리스도는 하나님의 영원한 경륜을 성취하시기 위해 이 땅에 오셨습니다.

그렇다면 이 하나님의 경륜은 무엇입니까?

또한 성경에서 말하는 '하나님의 경륜의 비밀'은 무엇일까요?

먼저 이 '경륜'과 '비밀'이란 말이 어떤 개념을 갖고 있는 지를 살펴보도록 하겠습니다.

첫째, '경륜'(οἰκονομία, economy)이란 단어는 본래 경영, 계획, 지혜, 뜻, 목적이란 의미를 가집니다. 그것은 하나님께서 자신의 모든 사역에서 선하시고 완전한 계획과 목적을 가지고 일하신다는 것입니다. 마치 건축사가 집을 짓기 위해 완벽한 설계도를 가지고 일하는 것과 같습니다. 사도 바울은 자신의 소명에 대하여 다음과 같이 말씀합니다.

> 내가 교회의 일군 된 것은 하나님이 너희를 위하여 내게 주신 경륜을 따라 하나님의 말씀을 이루려 함이니라(골 1:25).

즉 그는 자신이 하나님의 영원한 경륜을 따라 하나님의 일군이 되었다고 말하고 있습니다.

둘째, '비밀'(μυστήριον, mystery)이란 단어는 하나님께서 작정하신 일로서, 창세전에 감추어진 것을 말하는데, 지금은 그 비밀이 복음 안에서 완전하게 드러났다고 말하는 것입니다(골 1:26-27; 롬 16:25-26). 사도 바울은 자신의 사역에 대하여 다음과 같이 말씀합니다.

> 영원부터 만물을 창조하신 하나님 속에 감추었던 비밀의 경륜이 어떠한 것을 드러내게 하려하심이라(엡 3:9).

이 말은 바울의 사역의 중점이 바로 하나님의 비밀의 경륜을 밝히 드러내어 전하는 데 있다는 것입니다.

성경은 이 하나님의 크고도 놀라운 경륜의 비밀이 바로 예수 그리스도라고 말씀합니다. 또한 그 비밀이 복음이신 예수 그리스도 안에서 밝히 드러났다고 증거하고 있습니다.

> 이 비밀은 만세와 만대로부터 감추어졌던 것인데, 이 비밀은 너희 안에 계신 그리스도시니 곧 영광의 소망이라 (골 1:26-27).

예수 그리스도는 하나님의 온전한 계시로서 진리의 보화 상자와 같습니다. 그래서 바울 사도는 복음의 부요함에 대하여 다음과 같이 말씀합니다.

> 사랑 안에서 연합하여 확실한 이해의 모든 풍성함과 하나님의 비밀인 그리스도를 깨닫게 하려 함이니 그 안에는 지혜와 지식의 모든 보화가 감추어져 있느니라(골 2:2-3).

제5장

하나님의 비밀이신 그리스도

    삼위일체 하나님께서는 하나님을 아는 지식을 그리스도를 통해서 계시하셨으며, 성자 예수 그리스도는 하나님을 온전히 계시하신 하나님이십니다. 그래서 예수 그리스도는 스스로 진리이시면서 또한 진리의 계시자요 완성자이십니다. 이제 그분 안에 있는 비밀을 살펴보겠습니다.

    첫째, 예수 그리스도는 인류를 그 죄와 사망에서 구원하시는 구세주이시며(눅 2:11; 마 16:16; 요 3:16; 14:6), 동시에 창조주 하나님이십니다(창 1:1; 요 1:1, 18; 골 1:16).

    둘째, 예수 그리스도는 삼위일체 하나님이십니다. 삼위일체 여호와 하나님께서는 예수 그리스도 안에서 자신을 온전히 계시해 주셨습니다(마 1:23; 요 1:18).

성자 하나님은 성부 하나님으로부터 보내심을 받아 성령 하나님의 권능으로 잉태되어 완전한 한 사람으로 태어나셨으며, 또한 삼위일체 하나님께서는 예수 그리스도의 전 구속사역에 함께 하심으로 자신을 온전히 나타내셨습니다.

예수 그리스도는 영원부터 성부 하나님과 함께 하신 성자 하나님이심을 밝히시고(요 1:1-3), "나와 아버지가 하나"(요 10:30)라고 말씀하셨습니다. 그리고 성부께서 성자를 보내셨다고 말씀하시고(요 3:16), 또한 "내가 아버지께 성령을 받아 너희에게 보내겠다"(요 14:16)라고 말씀하심으로 성부와 성자와 성령 하나님의 존재와 사역을 밝히 알려 주셨습니다.

셋째, 예수 그리스도는 자신의 사역을 통하여 영원부터 가지신 하나님 기쁘신 뜻이 무엇이며, 그 내용과 목적이 무엇인지를 계시해 주셨습니다(엡 1:3-14; 3:1-11; 골 1:25-29).

삼위일체 하나님께서는 주 예수 그리스도 안에서 하나님 자신과 그분의 크고도 놀라운 경륜을 온전히 계시해 주신 것입니다. 그러므로 우리는 예수 그리스도 안에서 삼위일체 여호와 하나님과 그분의 기쁘신 뜻을 바르게 알 수 있는 것입니다.

제6장

하나님의 기쁘신 뜻

　우리는 삼위일체 하나님께서 자신의 선하심과 완전하신 지혜 가운데 자신의 영원한 영광을 위하여 자신의 기쁘신 뜻을 따라 영원한 경륜을 세우시고, 그 크고도 놀라운 구속 경륜을 이루시기 위해 만물을 창조하시고 섭리하시며 완성하실 것을 믿습니다(고전 2:7; 엡 1:3-14).

　이제 삼위일체 하나님께서 예수 그리스도 안에서 우리에게 알려 주신 그분의 기쁘신 뜻 곧 크고도 놀라운 영원한 구속의 경륜에 대하여 몇 가지로 요약해 살펴보도록 하겠습니다(히 1:1-3; 행 2:23; 3:18; 엡 3:9-11).

　첫째, 주 여호와 하나님께서는 삼위가 한 분이신 삼위일체 하나님으로 영원히 자존하시며, 또한 창세전에 자신의 영원한 영광을 위하여 크고도 놀라운 경륜을 세우셨습니다.

그리고 전능하신 하나님께서는 이 영원한 구속의 경륜을 이루시기 위해 자신의 주권적인 능력으로 역사와 만물과 사람을 창조하시고 친히 섭리하고 계신다는 것입니다.

둘째, 삼위일체 하나님께서는 자신의 영원한 경륜을 따라 예수 그리스도를 인류의 유일한 중보자로 선택하셨으며, 또한 창세전에 예수 그리스도 안에서 영생을 주시기로 작정하신 사람들을 미리 선택하시고, 동시에 다른 사람들에게는 그들의 죄악 가운데 벌하시기로 미리 작정하셨다는 것입니다.

셋째, 삼위일체 하나님께서는 자신의 영원한 경륜을 따라 때가 차매 중보자 예수 그리스도를 이 세상에 보내사 구속을 완성하시고, 또한 보혜사 성령을 보내사 자신의 은혜로 말미암아 택함 받은 자들로 하여금 복음을 듣고 예수 그리스도를 믿어 구원을 받아 거룩한 하나님의 자녀가 되게 하신다는 것입니다.

넷째, 삼위일체 하나님께서는 영원부터 예수 그리스도 안에서 택하시고 구원하신 성도들에게 은혜를 베푸사, 그들로 주의 말씀을 따라 거룩함을 이루고 선을 행하게 하시며,

마침내 그들을 온전히 거룩하게 하사 부활과 영생의 천국에 들어가게 하심으로 그들로 하여금 하나님의 영원한 영광의 찬송이 되게 하신다는 것입니다.

종교개혁가 칼빈은 다음과 같이 말하고 있습니다.

> 예수 그리스도는 인류의 구원과 참 신앙의 길이며, 전체 교리의 핵심이다. 우리는 오직 예수 그리스도를 믿음으로 구원을 얻으며, 또한 그리스도 안에서 하나님을 아는 온전하고 참된 지식을 얻을 수 있다. 하나님은 오직 그리스도 안에서만 이해된다. 기독교회가 믿고 참 신앙이 내용으로 고백하고 있는 사도신경의 모든 조항에는 오직 그리스도가 계실 뿐이며, 구원이 전체적으로 그리스도 안에 포함되어 있다(『기독교강요』, 제2권 제6, 16장).

제7장

중보자 그리스도의 신분

예수 그리스도의 구속사역의 기초는 중보자(μεσίτης, mediator)이신 그리스도의 '비하'와 '승귀'의 신분에 있습니다 (빌 2:6-11). 이는 예수 그리스도께서 행하신 구속사역의 전 과정 가운데 온전히 드러나고 있습니다.

첫째, 예수 그리스도의 '비하'(Humiliation)의 신분은 성자 하나님이 죄인의 구속을 위해 자기를 비우시고 사람이 되시어 종의 모양으로 수난당하시고, 우리를 대신하여 십자가에 못박히사 친히 율법 아래 저주의 형벌을 받으신 것을 말합니다. 이 그리스도의 비하(낮아지심)의 신분은 예수 그리스도께서 하나님의 영광을 버리시고 성육신하신 것과 율법에 복종하심, 수난당하심, 십자가에 못박히시고 죽으심, 장사되심의 전 과정을 말하는 것입니다.

여기서 그리스도의 장사되심 후의 지옥강하의 교리(시 16:10; 행 2:27)는 그리스도의 굴욕의 마지막 단계였습니다. 실로 그리스도께서는 십자가 위에서 하나님께 버림을 받으셨을 때, 잃은 자들의 고통을 그 영혼에 경험셨습니다.

이 교리는 주께서 우리를 위하여 받으신 영혼의 고통을 말하는데, 결국 주께서 악마의 권세와 사망의 두려움 그리고 지옥의 고통을 모두 정복하시고 개선하심으로 우리가 죽음에 대하여 무서워하지 않게 하시려는 뜻이었습니다.

둘째, 예수 그리스도의 '승귀'(Exaltation)의 신분은 하나님께서 그를 죽음과 저주의 고통에서 건지시고 승리하게 하시어 다시 부활하게 하심으로 그리스도를 모든 택자들의 구주와 하나님으로 세우신 일을 말합니다. 이 그리스도의 구속사역을 위한 승귀(높아지심)의 신분은 부활, 승천, 하나님의 보좌 우편에 앉으심, 그리스도가 심판주로 재림하심의 전 과정을 말하는 것입니다.

결론적으로 삼위일체 하나님의 영원한 경륜을 따라서 중보자로 오신 예수 그리스도는 우리를 향한 하나님의 사랑의 확증이십니다. 주님께서는 십자가와 부활로 구속사역을 이루시고 우리의 구주와 하나님이 되셨습니다.

제8장

중보자 그리스도의 사역

예수 그리스도는 그의 구속사역을 실행하심에 있어서, 성경적으로 메시야(그리스도, 기름 부음을 받은 자)로서의 삼중직을 수행하셨는데, 이는 그분이 구속을 이루시기 위하여 '왕과 대제사장과 선지자'로서의 사역을 감당하신 것을 말합니다.

첫째, 그리스도의 선지자직과 관련하여, 그는 선지자로서 율법과 선지자의 모든 말씀을 온전히 지키시고 완성하셨습니다. 이전에 온 선지자들이 하나님의 말씀을 대언하는 것이었다면, 본래 말씀이신 그리스도가 오신 것은 모든 예언의 성취였습니다(요 1:1-14). 실로 성경의 모든 말씀이 바로 주님의 진리였습니다(눅 24:44; 요 5:39).

주께서는 자신을 가리켜 "내가 곧 길이요 진리요 생명"

(요 14:6)이라고 선언하셨습니다. 예수 그리스도께서는 지금도 자신의 말씀을 성령의 조명 가운데 자신의 교회에게 지속적으로 선포하고 계시며, 또한 그렇게 선포되고 있는 순수한 복음과 진리의 말씀을 따라 교회를 다스리시고 온 세상 가운데 있는 죄인들을 구원하심으로써 친히 선지자직을 수행하고 계시는 것입니다.

둘째, 그리스도의 제사장직과 관련하여, 그는 대제사장으로서 모든 죄인들의 죄를 짊어지고 친히 산 제물이 되사 자신을 드리심으로 온전한 대속을 이루셨습니다. 그리스도는 하늘로부터 내려오신 참되고 온전한 대제사장이셨으며, 또한 하나님이 보내신 중보자로서 자신을 친히 화목제물로 삼아 단번에 영원하고 온전한 제사를 드리심으로 우리의 영원하고도 완전한 대제사장이 되셨습니다(히 5:1-10; 9:12).

우리의 유일한 중보자이신 예수 그리스도께서는 지금도 항상 살아 계셔서 하나님 보좌 우편에서 우리를 위해 친히 간구하심으로 영원한 대제사장직을 수행하고 계십니다(롬 8:34; 히 7:24-25; 요일 2:1).

셋째, 그리스도의 왕직과 관련하여, 그리스도는 영원한 하나님 나라의 왕으로서 이 땅에 오셔서 자신의 권능과 말씀으로 사단의 권세를 이기시고 친히 하나님 나라를 세우셨습니다(마 4:17; 눅 11:20; 17:21). 예수님은 복음을 듣고 그를 믿는 자들을 구원하사 하나님 나라의 백성이 되게 하셨고, 또한 자신의 나라를 다스리시는 가운데 보혜사 성령을 보내사 자신의 백성들과 교회와 함께 하셔서 하나님 나라를 확장해 나가고 계십니다. 성경에서는 그리스도와 교회에 관하여 다음과 같이 말씀합니다.

> 만물을 그의 발아래 복종하게 하시고 그를 만물 위에 교회의 머리로 주셨느니라(엡 1:23; 골 1:18).

지금도 만유의 주시며, 만왕의 왕이요 교회의 머리이신 그리스도는 그의 권능으로 온 세상을 통치하시며, 그의 말씀과 성령으로 자신의 교회를 다스리시고 계십니다(마 28:18; 엡 1:20-22; 고전 15:27). 장차 우리의 참되고 영원한 왕이신 그리스도는 이 세상에 심판주로 재림하셔서 모든 인간과 만물을 그 발 앞에 꿇게 하시고 영원히 다스리실 것입니다.

제9장

구원의 원리

　기독교의 정통구원론은 삼위일체 하나님께서 주체가 되시어 그의 구원을 성취하신다는 것입니다. 즉 구원은 삼위 하나님 가운데 어느 특정한 한 위의 단독적이고 분리적인 사역이 아니라 한 본질과 한 실체로 존재하시는 삼위일체 하나님의 통일적인 경륜과 통일적인 사역으로 이루어진다는 말입니다.

　구원의 참된 원리는 삼위일체 하나님께서 그분의 영원한 경륜에 따라서 성부로부터 성자 안에서 성령으로 말미암아 이루어진다는 사실입니다. 즉 성부의 계획과 성자의 실행과 성령의 적용으로 이루어지는 것입니다.

　결론적으로 삼위일체 하나님의 크고도 놀라운 구원사역이란, 성부의 영원한 작정을 따라, 성자가 구속사역을 성취하시고, 성령이 그의 은혜로 말미암아 택함받은 자들을 부르시고 그들로 하여금 복음을 듣고 거듭나서 믿음으로 그리스도와 온전히 연합하게 하심으로 의로운 하나님의 자녀가 되게 하시는 일입니다.

제10장

구원의 목적

    삼위일체 하나님의 영원한 경륜과 구원의 목적은 우리로 하여금 오직 하나님께만 영광을 돌리게 하는 데 있습니다. 이 하나님의 큰 일을 이루시기 위해(행 2:11), 예수 그리스도께서는 이 땅에 오셨으며 또한 십자가에 못박혀 죽으시고 부활하심으로 영원한 구속을 성취하신 것입니다(빌 2:5-11).

    기독교의 정통신앙은 우리의 구원이 결코 사람의 조건이나 공로로 주어지는 것이 아니라는 것을 말씀하고 있는 것입니다. 진실로 하나님께 범죄하여 그의 저주 가운데 허물과 죄로 죽은 우리는 자신을 구원할 수 없습니다(엡 2:1-3; 롬 3:10, 23; 6:23).

    참된 신앙의 핵심은 구원이 전적으로 하나님의 주권적인 사역과 오직 그의 은혜로 말미암으며 이는 오직 예수 그리스도를 믿음으로 주어진다는 것입니다(엡 2:8-9; 딛 3:5).

이 사실은 하나님의 영원한 경륜의 목적이 단지 사람의 구원에 머무는 것이 아니라 궁극적으로 우리가 하나님께 영광을 돌리도록 하는 데에 있음을 분명히 알려 주고 있습니다(사 42:8; 고전 6:20; 10:31; 롬 11:36; 계 4:11).

지극히 선하시고 사랑과 은혜가 풍성하신 여호와 하나님께서는 우리 구주 예수 그리스도 안에서 구원에 이르는 참된 지식 곧 삼위일체 하나님과 그분의 기쁘신 뜻을 아는 참된 지식을 온전히 계시해 주셨습니다.

이 모든 하나님의 은혜는 주의 자녀들로 하여금 하나님의 자비와 은혜를 인하여 영원한 찬송과 경배를 올려 드리며, 또한 하나님을 온전히 경외하고 그분의 뜻에 순종함으로 오직 우리를 창조하시고 구원하신 하나님께만 영광을 돌리며 살아가도록 하신 것입니다.

> 만물이 주에게서 나오고 주로 말미암고 주께로 돌아감이라.
> 그에게 영광이 세세에 있을지어다. 아멘!(롬11:36)

제4부

예수 그리스도의 교회

제1장 성령론 논쟁
제2장 정통신조의 선언
제3장 보혜사 성령과 교회
제4장 구원론과 교회론 논쟁
제5장 정통교회의 4대 속성
제6장 참 교회의 3대 표지
제7장 개혁교회의 특징
제8장 성도의 복된 삶
제9장 새 사람과 온전한 사람
제10장 어둠 속에 빛이 있으라

제1장

성령론 논쟁

    기독교의 성령론에 관한 초기 논쟁은 성령의 실재성에 대한 것이었습니다. 초기 기독교 안에는 성령의 존재성에 대해 무지하거나 부인하는 사람들이 있었습니다. 그들은 성령을 하나님의 영으로 부르거나 성부의 영으로 보았으며, 또한 성령 하나님의 인격성을 부정한 채 그분을 단지 하나님의 힘이나 능력 정도로 여기고 있었습니다.

    그 후 4세기경에는 콘스탄티노플의 감독 마케도니우스를 대표로 하는 소위 '성령배격론자' 혹은 '성령대적자들'(Pneumatomachist)이 등장하였는데, 그들은 성령의 신성을 부인하고 성령이 '하나님의 피조된 능력 내지 도구'라고 주장했습니다. 또한 삼위일체론 이단이었던 반아리우스주의자들(Semi-Arianism)은 성령을 단지 '천사들과 다름없는 피조물로서 성자에게 종속된 존재'라고 주장하였습니다.

당시 정통신앙의 수호자였던 아타나시우스를 비롯한 기독교회의 지도자들은 362년에 알렉산드리아 회의를 개최하였으며, 이 회의를 통하여 성령이 성부 하나님과 '동일본질'을 가지신 하나님이시라는 참된 진리를 확정함으로써 이단들을 대항하였습니다.

다음으로 후기의 논쟁은 '성령이 누구로부터 나오시는가'라는 문제로부터 시작되었습니다. 이는 성령이 삼위 하나님으로서의 본질과 관련하여, '성령이 어떻게 성부와 동일한 신적인 본질을 가지고 계시는가'에 대한 것입니다. 즉 성령이 '오직 성부로부터만 나오시는가'(단일발출) 아니면 '성부와 성자로부터 나오시는가'(이중발출)'입니다.

기독교회는 역사적으로 여러 이단들과 교리적인 논쟁을 거치면서, 성령이 성부 하나님과 성자 하나님과 함께 '동일본질'을 가지신 삼위일체 하나님이심을 명확히 선언하였으며, 특히 이러한 신적 본질의 동일성을 확증하기 위해서 성령이 '성부와 성자로부터 영원히 나오신다'(이중발출론)는 교리를 정통신앙으로 고백했습니다.

제2장

정통신조의 선언

니케아신경(325)에서는 "우리는 성령을 믿으며"라고 단순하게 고백하고 있으나, 후에 니케아-콘스탄티노플신경(381)에서는 성령이 하나님과 동일본질로서 "아버지에게서 나오셨다"(proceeded from the Father)라고 명확하게 선언하고 있습니다.

아타나시우스신경(500)에서는, 성령이 성부와 성자로부터 나오신 하나님으로서 영원히 한 분 하나님이라고 말합니다.

> 성령은 성부와 성자에게서 보내지셨으나 지음을 받았거나 창조되었거나 발생된 분이 아니시고, 나오신 것입니다. 따라서 세 분 성부가 아닌 한 성부, 세 분 성자가 아닌 한 성자, 세 분 성령이 아닌 한 성령만이 계실 뿐이다. 이 삼위에 있어서 그 어느 한 위가 다른 한

위에 앞서거나 뒤에 계신 것이 아니며, 어느 한 위가 다른 위보다 크거나 작을 수도 없다. 다만 삼위가 함께 영원하며 동등하다는 것이다. 따라서 앞서 말한 대로, 이 모든 것에서 삼위가 일체이시며, 일체가 삼위인 하나님께서 경배를 받으셔야 할 것이다.

그 후 589년에 열린 제3차 톨레도(Toledo)회의에서 서방교회는 '필리오케'(*Filioque*, "그리고 아들로부터") 교리를 공식적으로 채택했습니다. 또한 675년에 열린 브라가(Braga)회의에서는 니케아-콘스탄티노플신경에다가 '필리오케'를 덧붙여서, '성부와 성자로부터 발출한 성령'이라고 바르게 수정한 신앙고백을 공적으로 채택하였습니다. 기독교의 정통신앙은 성령 하나님에 대하여 다음과 같이 고백합니다.

> 성령은 삼위 중 제3위이신 하나님이심을 믿는다. 성령은 성부와 성자로부터 항상 나오시는데, 성령께서는 그의 은혜로 말미암아 택자들을 부르사 그리스도와 연합하여 구원을 얻게 하신다. 즉 택자들이 복음을 듣고 그리스도를 믿음으로 죄 사함을 받게 하시고, 의로운 하나님의 자녀로 인치시며 기업의 보증이 되시어 그들을 영화에 이르기까지 견인하신다.

제3장

보혜사 성령과 교회

성령 하나님은 하나님의 크고도 놀라운 구속경륜을 따라 내려 오셔서, 중보자 예수 그리스도가 이루신 구속을 택하신 성도들에게 적용하여 그들을 구원하십니다.

보혜사(παράκλητος, Helper) 성령께서는 그분의 은혜로 말미암아 구원하신 성도들을 예수 그리스도와 온전히 연합시켜서 그리스도와 한 몸이 된 교회로 세우시는 분이십니다(고전 12:13-27; 엡 1:22-23). 또한 성령은 주의 교회와 성도들을 통하여 천국 복음을 전파케 하시고, 이 세상 가운데 거룩한 하나님 나라를 확장하시고 완성하시는 분이십니다.

한편, 초기 기독교회는 로마 황제의 극심한 박해와 다양한 기독교 이단의 발흥 및 교회 내의 배교자 문제 등으로 인해 많은 어려움을 겪으면서 영적인 성숙과 함께 로마제국 전역의 기독교로 발전하게 되었습니다.

당시 로마제국 내의 여러 교구에서 주의 교회를 목양하던 감독들은 성령의 특별한 은총 아래서 박해와 배교의 시간 속에서도 순수한 복음의 가르침과 성경적인 참 진리로 교회의 단결을 이루고, 밖으로는 여러 이단들을 훌륭하게 대항함으로써 교회를 파수하고 하나님 나라를 지속적으로 확장할 수 있었습니다.

그 결과 예수 그리스도의 복음은 성령의 강한 역사 가운데 1세기에 예루살렘과 팔레스타인 전역으로 확장되었고, 2세기경에는 기독교가 로마제국 내에서 유대교와는 별도의 독립된 종교로 인정받게 되었습니다. 또한 기독교회의 사역 범위나 영향력도 로마제국의 일부 지역에서 벗어나 점차 전국으로 확장되었으며, 후에는 로마제국에 성립된 5대 교구를 중심으로 큰 성장을 이루었습니다.

제4장

구원론과 교회론 논쟁

 초기 기독교의 주요 교리논쟁을 살펴보면, 특히 구원론과 교회론의 이 두 가지 교리로부터 많은 이단들이 등장하게 되었으며, 급기야 주의 교회가 분열되는 상황을 겪기도 하였습니다.

 첫째, 구원론과 관련하여 초대교회 안에는 이미 다른 복음을 주장하는 거짓 교사들과 왜곡된 교리로 교회를 미혹하는 여러 이단 분파들이 있었습니다. 이러한 분파들 중에는 헬라철학의 기초 위에 형성된 혼합주의 이단인 영지주의(Gnosticism)를 비롯하여 유대적 이단인 에비온주의(Ebionism), 반성경적인 반유대주의 이단인 말시온주의, 신비주의 사이비종파인 몬타니즘 등이 있었습니다.
 초기 기독교 이단 분파들 가운데 에비온주의자들은 복음

외에 율법의 준수를 구원의 조건으로 강조하였습니다. 특히 영지주의자들은 구원을 얻기 위한 특별한 '지식'(γνῶσις)을 강조했는데, 그들은 이원론에 의거하여 영혼만이 선하고 육신과 물질을 악이나 죄로 보았기 때문에, 이들에게 구원은 육체와 함께 유배되어 있는 영혼이 물질적 세계로부터 이탈하는 것이었습니다.

그래서 영혼을 구원하려면 특별한 '지혜'를 얻어야만 하는데, 이 지식은 영원자의 계시를 전달해 줄 사자를 통해 주어지는 신비한 조명을 통해 얻는다고 주장했습니다.

4세기말에 등장한 펠라기우스주의자들(pelagianism)은 인간의 자유의지가 인간의 최고선이라고 보고, 인간의 자유의지에 의한 자력 구원을 주장했습니다. 그들은 아담의 원죄를 후대 인류와는 상관없는 개별적이고 상대적인 죄로 보았고, 모든 사람은 선하게 태어나서 각자의 능력으로 자신을 악에서 구원할 수 있다고 주장했습니다.

결국 431년 에베소공회의에서 펠라기우스주의는 이단으로 정죄되었습니다. 그런데 이 사상을 새롭게 변형시켜 다시 계승한 반펠라기우스주의(Semi-Pelagianism)가 등장하여 인간의 의지와 하나님의 은혜를 조화시킨 구원론을 주장했습니다.

비록 그들은 아담의 원죄에 의한 인간의 자유의지의 부분 타락을 인정하고 구원을 위해서는 하나님의 은혜를 필요하다고 보았으나, 실제는 하나님의 보편적인 은혜를 받아들여서 구원을 얻는 것은 전적으로 인간의 의지에 달려 있다고 주장했습니다. 이것이 하나님의 은혜에 인간이 협력함으로 구원을 얻게 된다는 '신인협력설'입니다. 이들도 529년 제2차 오랑주공회의에서 이단으로 정죄받았습니다.

둘째, 초대교회의 교회론 논쟁과 관련하여 기독교 내 분리주의운동을 살펴보겠습니다. 이 논쟁은 바로 로마제국의 대박해가 있은 후 배교자의 처리 문제에서 비롯되었습니다. 그 대표적인 실례가 바로 노바티안파(Novatianism)와 도나투스파(Donatism)입니다.

303년경에 로마제국의 디오클레시안 황제는 기독교를 없애려고 모든 성경을 당국에 바치게 했습니다. 그런데 이 당시 로마 당국에 성경을 바친 사람을 배교자(Traditor)로 불렀으며, 기독교회 내에서는 배교했던 사람들에 대한 처리를 두고 강경파와 온건파로 나뉘어졌습니다. 이 때 강경파에 속한 그룹이 도나투스파입니다. 그들은 배교자들과의 철저한 분리를 주장하면서 자신들만의 거룩한 공동체를 세웠습니다.

도나투스파는 주교 중의 하나였던 펠릭스가 디오클레시안 황제의 박해 때에 성경을 바친 배교자이고, 그가 행한 안수와 성례도 모두가 무효라고 하였으며, 심지어 그에게 세례나 안수를 받은 자들이 다시 교회공동체에 들어오려면 재세례를 받아야 한다고 주장하였습니다. 결국 도나투스파는 "우리는 거룩해야 구원받는다. 교회가 거룩하기 위해서는 교인들이 거룩해야 한다"라고 주장하며, 기존의 정통교회에서 분리해 나갔습니다.

당시 히포의 감독 어거스틴(Augustine, 354-430)은 "교회의 거룩함은 교인이 거룩해서가 아니라 오직 교회를 이룩하신 머리되신 그리스도가 거룩하기 때문이다"라고 강조했으며, 또한 "교회는 알곡과 가라지가 함께 섞여 있는 밭이다. 추수 때까지 기다리라. 분리시킬 때는 종말 때요, 뽑을 분은 하나님이시다"라고 주장하여 도나투스파를 대항하였습니다.

결론적으로 어거스틴을 중심으로 한 정통교회는 초대교회의 여러 이단들을 대항하여 하나님의 주권적인 은총과 예정론에 기초한 구원관으로 정통신앙을 확립하였으며, 또한 교회는 오직 그리스도 안에서만 그의 거룩성을 갖는다고 주장함으로써 거짓된 교리를 대항하여 주의 교회를 올바로 파수하였습니다.

제5장

정통교회의 4대 속성

  니케아신경(325)은 삼위일체 하나님에 대한 정통교리를 고백하고, 성자에 대한 거짓 주장을 하는 이들을 교회가 파문해야 할 것을 촉구한 후, 참된 교회를 가리켜 "거룩하고 보편적이며 사도적인 교회"(the holy catholic and apostolic Church)라고 고백하였습니다.

  니케아-콘스탄티노플신경(381)에서는, 정통 삼위일체론을 공적인 교리로 확정한 후에 "참 교회는 하나의 거룩하고 보편적이며 사도적인 교회를 믿는다"(one holy catholic and apostolic Church)라고 고백하였습니다.

  이제 초대교회로부터 오늘에까지 고백해 온 성경적이고 역사적인 정통교회의 4대 속성에 대하여 살펴보도록 하겠습니다.

첫째, 교회의 거룩성입니다. 주의 교회는 그리스도의 의를 통해 거룩함을 입은 하나님의 자녀들로 세워진다는 것이며, 교회의 거룩성은 오직 그리스도의 의와 구속의 공로에 기초한다는 것입니다.

둘째, 교회의 연합성입니다. '예수 그리스도만이 교회의 유일한 왕이요 머리이시다'라는 것이며, 또한 주의 교회는 성령으로 말미암아 그리스도와 연합된 한 몸으로서 결코 분리될 수 없다는 것입니다.

셋째, 교회의 보편성입니다. 교회는 창세전에 예수 그리스도 안에서 택함을 받은 자들의 구원공동체입니다. 또한 이 교회는 불가시적 무형교회요 우주적인 보편교회로서 하나님만이 영원 전부터 알고 계시는 참 교회라는 것입니다. 이 교회는 장차 천국에서 여호와의 총회를 이루게 될 것입니다(히 12:23).

넷째, 교회의 사도성입니다. 교회는 성경에 기초한 사도적인 순수한 복음과 진리의 가르침 위에 세워진다는 것이며, 그래서 참 교회란 공교회가 공적으로 확정하고 전수한 사도적 신앙고백 곧 기독교의 공인신조를 계승하고 따라야 한다는 것입니다.

칼빈은 "이 집은 하나님의 교회요 진리의 기둥과 터"(딤전 3:15)라는 성경 구절을 해석하면서, 참된 교회의 본질과 올바른 사명에 대해 다음과 같이 말하였습니다.

> 주의 교회는 하나님의 진리를 이 세상에서 없어지지 않도록 하는 진리의 충실한 파수꾼이다. 그래서 참된 교회는 사도들의 순수한 가르침 안에서만 세워진다. 교회가 진리의 파수꾼으로서의 사명을 올바로 감당하려면, 신조와 교리를 충실히 지키고 따라야 한다(『기독교 강요』, 제4권 제2장).

나아가 칼빈은 주의 교회가 이러한 구체적인 사명을 수행하기 위해서는 참된 교회의 표지를 성실히 준수해야함을 강조하였습니다.

> 우리는 하나님께서 부여하신 권위로서 오직 성경에 기초하여 바른 질서와 교회 제도를 세우고 참된 교회의 표지를 성실히 실행함으로써 참된 교회를 세워나가야 한다. 그것은 먼저 하나님의 말씀을 선포하고 참된

교리를 정하여 그것을 가르치고 배우는 것이며, 또한 성경을 따라 교회의 제도와 법규를 바로 세우고, 그리고 신자의 성숙과 교회의 거룩함을 위하여 권징을 신실하게 행하는 일이다(『기독교 강요』, 제4권 제9-11장).

제6장

참 교회의 3대 표지

 기독교는 초기부터 로마 황제들로부터 오랫동안 박해를 당하면서, 로마제국의 각 교구의 지도자들은 교회의 감독들을 중심으로 교회가 하나가 되어야 할 것을 주장했습니다.

 그런데 로마교회의 감독들과 로마제국을 옹호하는 제국 신학자들은 주의 사도인 베드로가 사도직의 대표자이고, 그중 로마교회는 베드로가 사도직을 수행한 유일한 정통교회라고 주장하면서, 로마대주교와 로마교회 중심의 '교황주의'를 주창하게 되었습니다.

 중세기를 지나면서, 이 로마교회를 중심으로 생겨난 로마 가톨릭교회는 교황중심의 사제주의 교회체제를 확립하였으며, 또한 그릇된 성인과 성상숭배, 신인협력적인 공로주의 구원론, 비성경적 미사와 7성례의 시행, 십자군 전쟁과 물리적인 성전탈환운동의 전개, 연옥사상과 면죄부

판매 등으로 인해 매우 부패하고 타락하게 되었습니다. 그 결과 역사적인 종교개혁운동을 초래하게 되었던 것입니다.

그리하여 16-17세기의 종교개혁가들은 '오직 성경'을 따라 거짓된 교리와 타락한 교회를 개혁하기 위해서 '참 교회의 3대 표지'를 정하고, 그것으로써 참 교회와 거짓교회 구별하였습니다.

당시 개혁교회의 지도자들은 이 표지들이 하나님께서 주의 교회에게 주신 은총의 수단들이라고 고백하고, 그 원리를 따라 충실히 목회하였습니다.

첫째, 은총의 직접 수단으로서 순수한 말씀의 선포입니다. 이는 교회가 순수한 복음의 말씀을 전파하고, 참된 교리를 선포해야만 참된 교회라는 것입니다. 설령 목회자가 있고 교회당이 있어서 종교모임이 거행되고 있더라도, 만일 참 진리가 선포되거나 가르쳐지지 않고 있다면 그 교회는 참된 교회라고 말할 수 없을 것입니다.

둘째, 은총의 간접 수단으로서 성례의 정당한 시행입니다. 성례는 보이는 말씀이라고 합니다. 참된 교회는 성경적인 두 성례만을 준수하며, 그 성례는 반드시 안수받은 합법적인 목사에 의한 공적인 예식에서 주의 거룩한 말씀과 함께 시행해야 합니다.

참된 교회가 행하는 성례는 세례와 성찬이라는 두 가지가 있습니다. 그중 세례는 성인 신자와 그들의 유아에게 시행합니다. 그러나 성찬은 주의 몸을 분별할 수 있는 성인 세례자에게만 시행하도록 합니다.

아울러 성찬에 있어서, 그리스도의 육체 안의 인격적인 통일성을 강조하는 동시에 '육체 밖의 로고스'(*Extra Calvinisticum*)를 말합니다. 그래서 성령의 사역을 통한 그리스도의 실재적인 임재 곧 '영적 임재설'(spiritual presence)을 믿습니다. 즉 그리스도가 그분의 말씀과 성령의 사역을 통해서 친히 성찬 가운데 영적으로 임재하심으로 성도들에게 은혜를 베푸신다는 것입니다.

셋째, 은총의 보조 수단으로서 권징의 신실한 집행입니다. 이는 주의 말씀에 불순종하고 범죄한 자를 치리함으로써, 기독교 진리의 순수성을 보존하고 교회의 거룩성을 파수하기 위함입니다.

본래 참된 교회의 3대 표지는 성도들이 참 교회와 거짓 교회를 구분할 수 있도록 하기 위한 것입니다. 그러므로 주의 교회가 이 표지를 지키기 위해서는 설교자가 성경이 계시하고 있는 본래의 뜻을 왜곡시키지 않고 바르게 설교해야 하고, 오직 성경을 따라서 합법적이고 공적인 성례를 행해야 하며, 주의 교회와 성도들을 주의 말씀에 따라서 바르게 치리해야 한다는 것입니다.

여기서 거짓 교회란 하나님의 말씀의 권위와 능력보다는 그들 스스로의 능력과 권위를 내세우면서 그리스도의 명령에 따르지 않는 교회입니다. 그들은 그리스도께서 가르치신 말씀대로 가르치지 않거나 바른 성례를 시행치 않으며, 심지어 하나님의 말씀을 따라 거룩하게 사는 자를 핍박하고, 또한 그들의 죄와 욕심과 우상숭배를 책망하는 자를 대적하는 무리를 말합니다.

결론적으로 참 교회의 3대 표지는 교회의 본질이 진리 안에서 성도들의 신앙과 교회를 올바르게 파수하는 것에 있음을 명확히 보여 줍니다. 주의 교회 안에서 복음의 순수한 교리가 전파되고, 그리스도에 의해 세워진 성례가 바르게 시행되며, 진리 안에서 죄를 권징하는 일이 신실하게 시행되고 있을 때, 이를 가리켜 참 교회라고 말할 수 있습니다.

제7장

개혁교회의 특징

주 예수 그리스도의 교회는 하나님께서 창세전에 영생주시기로 예정하신 택함을 받은 사람들의 모임입니다. 본래 이들은 영원부터 하나님만이 아시는 참 교회의 회원들로서, 역사적으로나 지리적으로 그리스도와 연합된 모든 성도를 포함하며, 장차 천국에서 완성될 천상의 총회입니다(히 12:23).

이제 성경적이고 사도적이며 공교회적인 정통신앙을 기초로 세워진 개혁교회의 주요 특징들에 대해서 살펴보도록 하겠습니다.

첫째, 개혁교회는 그리스도의 절대적인 주권을 선언하고 있습니다. 예수 그리스도만이 교회의 유일한 왕이요 머리시라는 것입니다(엡 1:22; 골 1:18). 참된 교회는 왕이신 그리스도의 몸이며(고전 12:27), 선지자들과 사도들의 터 위에 세우심을 입은 것입니다(엡 2:20). 지금도 왕이신 예수 그리스도는 그분의 거룩한 말씀과 성령으로 교회를 통치하고 계십니다.

둘째, 개혁교회는 오직 성경에 규정된 대로 모든 예배의식과 교회의 체제와 질서를 정해야 합니다. 그것은 기독교의 공인신조에 고백된 참된 교리를 정기적으로 가르치고, 또한 예배모범과 교회정치를 성실히 준행할 것을 강조합니다.

여기서 개혁교회는 예수 그리스도께서 교회의 치리권을 목사와 장로들로 구성되는 장로들의 회에게 주셨다고 믿습니다. 특히 주님께서는 몸된 교회를 주의 진리로 섬기는 은총의 보조자로 목사를 세우셨으며, 또한 목사의 직임은 복음 선포를 통하여 천국의 열쇠권을 수행하도록 부름받아 공교회의 치리회에서 안수받은 합법적이고 항존적인 직분이라고 여기고 따릅니다.

그리고 개혁교회에는 성경의 가르침을 따라서 교회의 영적인 치리회로서 당회, 노회, 총회의 질서가 있어야 하며, 또한 주님께서 교회에 허락하신 직분에는 목사, 교사, 장로, 집사가 있어야 한다고 고백하고 있습니다.

셋째, 개혁교회는 하나님의 경륜의 실행으로서 성경적인 언약사상을 중시합니다. 그래서 전체 성경의 언약적 통일성을 강조하며, 성경이 하나의 은혜언약임을 믿습니다. 아울러 성경에서 말하는 언약의 이중적 성격을 중시하는데, 이는 하나님과 사람과의 쌍무적인 언약관계의 정당한 이행을 말하는 것입니다.

지극히 선하신 하나님께서는 주권적으로 그분의 은혜언약을 실행하시고 성취하사, 오직 성령으로 말미암아 예수 그리스도 안에서 그가 택한 백성을 구속하시고 구원하셨습니다. 그러므로 하나님의 백성이 된 모든 성도는 마땅히 창조주요 구속주이신 여호와 하나님께 참된 감사를 올려 드리고, 그분의 말씀에 대한 신실하고 올바른 순종의 삶으로 하나님께 영광을 돌리며 살아야 합니다.

한편, 종교개혁 이후 작성된 정통신조에서는 사도신경과 함께 십계명과 주기도문을 신앙의 핵심 내용으로 함께 고백하고 있습니다.

개혁교회는 성경의 말씀과 함께 '십계명'을 하나님의 사랑 안에서 마땅히 지켜야 할 성도의 생활규범으로 여겨서 '참된 선행'을 가르칩니다(마 22:37-40). 이 그리스도인의 선행이란 오직 주의 말씀에 대한 올바른 지식과 하나님의 말씀에 전적으로 순종하는 삶을 말합니다.

그리고 '주기도문'의 가르침을 성도의 삶의 참된 가치와 목적으로 여기고, 성도의 직무로서 '기도와 선교'의 삶을 중시합니다. 즉 하나님의 이름이 거룩히 여김을 받으시고 그의 나라가 속히 임하도록 늘 기도하는 가운데 주의 교회가 온 세상에 복음을 전파하여 하나님 나라를 확장하는 사역에 전심으로 힘써야 함을 가르치고 있습니다.

결론적으로 기독교회는 오직 진리 안에서 온전히 하나가 되어야 하며(엡 4:13), 또한 사랑으로 역사하는 믿음 가운데 세워져야 합니다(Faith expressing itself through love, 갈 5:6).

교회가 하나님을 아는 참된 지식 안에서 교리적, 신앙적 일치를 이루고, 주의 사랑으로 선을 행하는 일에 열심을 다하게 될 때 비로소 하나님 앞에 온전한 교회가 되는 것입니다.

제8장

성도의 복된 삶

사도신경의 마지막 부분에서는 하나님께서 우리 성도들에게 베푸시는 은총과 궁극적인 신앙의 승리를 선언하고 있습니다. 그것은 하나님께서 예수 그리스도 안에서 우리의 모든 죄를 사해 주심으로 궁극적으로 성도들에게 완전한 성화와 부활과 영생의 복을 누리게 하신다는 축복에 대한 신앙고백입니다.

주의 성도는 예수 그리스도 안에서 참 소망을 가진 자요 이미 궁극적인 승리를 얻은 자입니다. 성도는 창세전에 하나님의 택하심을 받았고, 성령의 은혜로 말미암아 예수 그리스도를 믿음으로 구원을 받았으며, 장차 영광스런 몸으로 부활하여 영원한 천국에 들어가게 될 것입니다.

지금 우리는 그리스도 안에서 이미 승리한 천상의 교회에 속한 자들입니다. 그러나 아직은 이 땅에서 천국의 순례

자요 천국 복음의 증인으로서 하나님 나라를 위해 전투하는 교회로 서 있습니다. 동시에 주께서 다시 오실 때 우리에게 허락하실 영광스런 교회 곧 도래할 완성된 하나님 나라를 대망하며 살아가는 사람들입니다.

이제 성도가 마땅히 행해야 할 참된 신앙 자세와 올바른 삶에 대해서 살펴보겠습니다.

첫째, 우리는 주 여호와 하나님을 전적으로 신뢰하는 가운데 그분을 참되게 알아 가며, 오직 하나님께만 온전한 영광을 돌리며 살아가도록 힘써야 합니다. 왜냐하면 창조주 여호와 하나님은 사람의 최고선이시요(The Highest Good), 또한 우리의 지극히 큰 상급이시기 때문입니다(Our Exceeding Great Reward, 창 15:1).

둘째, 보혜사 성령의 은총과 보호하심 가운데 살고 있음을 항상 기억해야합니다. 성령께서는 우리를 예수 그리스도 안에서 구원하사 하나님의 자녀로 인치시고 우리 속에 내주하는 분이십니다(엡 1:13; 고전 3:16; 롬 8:16). 또한 우리를 그리스도와 연합시키시어 그리스도의 모든 축복을 받아 누리게 하십니다(고전 12:12-27).

성령은 우리가 얻을 영화로운 기업의 보증이시며(엡 1:13-14), 또한 그리스도께서 다시 오실 때까지 그의 선하신 뜻대로 우리의 신앙을 보전하고, 성숙시키며, 마침내 완성하는 분이십니다(빌 1:6).

주의 교회는 성령의 크신 은총과 돌보심 속에서 오직 진리 안에서 하나가 되는 일과 하나님을 영화롭게 하는 일에 열심을 다해야 합니다. 또한 우리 각 사람은 모든 지체들과 함께 사랑 안에서 서로 돌아보고 합심하여 협력함으로 그리스도의 몸된 교회를 거룩하고 강건하게 세워 나가야 합니다.

결론적으로 모든 성도는 주일을 거룩히 지키며, 주께서 친히 안수하여 세우신 목사들로부터 성경과 기독교의 공인 신조들에 나타난 참된 교리를 성실히 배우고 실천해야 합니다. 그리고 주의 은혜에 감사함으로 자원하여 헌금하고, 오직 하나님의 뜻을 따라 믿음으로 기도하며, 주의 말씀을 따라 선을 행하는 가운데 천국 복음을 땅 끝까지 전파함으로 하나님 나라를 확장하는 일에 최선을 다해야 합니다.

제9장

새 사람과 온전한 사람

우리는 지극히 선하신 하나님의 크고도 놀라운 자비와 은혜로 말미암아 예수 그리스도 안에 새 사람(new man in Christ)이 되었음을 확신해야 합니다(고전 6:19-20; 고후 5:17; 갈 2:20; 5:24).

보혜사 성령께서는 우리의 옛 사람을 죽이시고 우리 안에 새 사람으로서 선한 의지를 창조해 주시고, 우리가 주의 말씀으로 거룩함을 이루며 모든 선한 일을 위해 살아가도록 도우시는 분이십니다.

그러므로 우리는 성령의 은총 아래 죄악의 구습을 따라 살던 옛 사람의 모습과 죄악된 삶을 벗어 버리고, 예수 그리스도 안에서 거듭난 새 사람으로서 진리 안에서 거룩한 생활과 선한 삶을 추구하며 살아가야 합니다(롬 12:1-2; 엡 5:15-18; 골 3:9-10).

우리는 외식하는 바리새인과 같이 되지 않도록 항상 자신을 살펴보고 회개해야 합니다(눅 12:1). 저들은 종교적 직분이나 열심을 가지고 자신의 의를 자랑하던 교만한 사람들이었고, 하나님의 말씀에도 무지하고 경건의 능력 없이 많은 사람들을 정죄하였지만, 실상 주님보다 돈과 세상 영광을 사랑하던 거짓 종교인들이었습니다.

주의 성도는 성령의 은혜를 따라 하나님의 형상(진리, 거룩함, 의)의 회복을 이루어 나가야 합니다(엡 4:24; 골 3:10). 또한 사람의 가장 크고도 제일된 목적이 되는 '오직 하나님께만 영광'을 돌리기 위해 선한 열심을 내어야 할 것입니다(고전 6:20; 10:31; 딛 2:14).

그것은 우리가 하나님을 참되고 바르게 알아 가며, 하나님을 즐거워하고 기뻐하는 가운데 오직 그분만을 영화롭게 하기 위해 힘쓰는 사람 곧 '하나님 앞에 온전한 사람'(perfect man before God)으로 자라 가는 일입니다(엡 4:13-15; 딤후 3:16-17).

종말로 주의 성도는 지극히 선하시며 자비롭고 은혜로우신 여호와 한 분 하나님으로 만족하며(고후 3:5), 구주 예수 그리스도 안에서 항상 감사하고 기뻐하는 부요한 믿음의 사람이 되어야 할 것입니다(살전 5:16-18). 그리고 하나님을 경외하는 겸손한 마음과 사랑으로 다른 이들을 섬기고,

이 세상 속에서 천국 복음을 널리 전파함으로 아직도 우리에 들지 않은 주의 잃은 양들을 구원하여 하나님 나라를 확장하는 일에 최선을 다해야 할 것입니다.

우리 주 예수 그리스도는 그 날에 영광 중에 다시 오셔서 모든 사람을 그분 앞에 모으시고 최후심판을 실행하시되, 모든 믿는 자들에게는 육체의 부활과 영생 그리고 하늘의 예비된 상급을 주시고 그들을 영원한 천국에 들이실 것입니다. 그러나 모든 믿지 않는 자들을 그들의 불신앙과 악한 행위를 따라 처벌하시되, 형벌의 심판과 지옥의 영원한 저주와 고통에 처하도록 벌하실 것입니다.

제10장

어둠 속에 빛이 있으라

 16세기 종교개혁가들의 표어 가운데 '어둠 이후에 빛'(*Post Tenebras Lux*)이 있습니다. 이 말은 살아 계신 하나님께서 그분의 자비와 은혜로 말미암아 암흑같이 영적으로 어두운 시대에도 친히 그의 종들을 예비하시고, 또한 그들을 온 세상 가운데 보내시어 다시금 진리의 빛을 밝히 비추심으로 생명을 구원하시고 주의 교회의 거룩하고 영광스런 모습을 회복하신다는 것입니다.

 태초에 하나님께서 천지만물을 창조하실 때에, 흑암 가운데에 '빛이 있으라'(창 1:3)고 명령하심으로 주의 빛이 어둠을 밝히 비추고, 또한 그 생명의 빛 아래서 온 만물을 창조하신 사실을 상기시키는 말씀이기도 합니다. 이와 같이 하나님께서는 죄인들의 심령 속에 예수 그리스도의 생명의 빛을 주사 구원하시고(요 1:4), 또한 성도들로 하여금 하나님을 아는 참된 지식 가운데 그분께 영광을 돌리며 사는 복된 자리에 서도록 은혜를 베푸신다는 것입니다.

지금도 기독교 신앙과 교회의 개혁을 부르짖는 목소리가 교계 안팎으로 뜨거운 상황입니다. 하지만 우리는 오직 하나님의 자비와 크신 긍휼이 없이는 우리 속에 진정한 회개와 참된 개혁이란 불가능하다고 믿습니다.

이 시대는 그 어느 때보다 마귀의 시험과 미혹이 극심한 때입니다. 주께서는 "근신하라 깨어라 너희 대적 마귀가 우는 사자 같이 두루 다니며 삼킬 자를 찾나니, 너희는 믿음을 굳건하게 하여 그를 대적하라"(벧전 5:8-9)라고 말씀하시며 다음과 같이 경계하십니다.

> 누가 철학과 헛된 속임수로 너희를 사로잡을까 주의하라 이것은 사람의 전통과 세상의 초등학문을 따름이요 그리스도를 따름이 아니니라(골 2:8).

오늘날 기독교회는 우리가 믿는 '진리가 무엇인지' 또한 '교회의 본질이 무엇인지'를 진정으로 고민하고 대답해야 할 때입니다. 나아가 '우리가 세상에 전파해야 할 참 진리가 무엇이며, 교회가 오고 오는 시대에 고백하고 전수해야 할 진리의 내용은 무엇인지'에 대한 깊은 신학적 성찰로부터 우리의 신앙을 제고해 보아야 할 것입니다.

종말로 기독교회는 성경과 신조에 기초한 참된 진리의 터 위에서 다시금 새롭게 세워져야 합니다. 그리하여 하나님을 아는 참된 지식으로 충만하게 되는 것, 즉 진리의 부흥이 참된 신앙과 참된 교회의 회복이요 또한 참된 선교의 시작인 것입니다.

이제라도 주의 성도들은 '성경과 신조'에 고백된 진리에 굳게 서서 신앙과 삶을 거룩하게 지키고, 또한 세상의 악한 이단들과 거짓 교사들로부터 미혹당하고 있는 사람들과 연약한 신자들을 그 길에서 돌이킬 수 있는 성숙한 사람들이 되어야 할 것입니다.

> 어두운 데에 빛이 비치라 말씀하셨던 그 하나님께서 예수 그리스도의 얼굴에 있는 하나님의 영광을 아는 빛을 우리 마음에 비추셨느니라(고후 4:6).

자비롭고 은혜로우신 하나님께서 생명의 빛을 우리의 메마른 심령과 한국교회 안에 밝히 비추어 주사, 모든 성도가 성경을 따라 하나님을 바르게 알게 하시고, 주의 교회가 진리 안에서 참된 본질과 사명을 온전히 회복하게 하시기를 원하며, 또한 한반도의 복음적 통일을 이루게 하시고 아시

아와 온 세계에 복음을 전파하여 잃어버린 생명들을 구원함으로 하나님께 큰 영광을 돌리는 복된 교회로 세워주시기를 주 예수 그리스도의 이름으로 기도합니다.

> 주 하나님(Κύριος ὁ Θεός)이 이르시되 "나는 알파와 오메가라 (τὸ Ἄ καὶ τὸ Ὦ) 이제도 있고(who is) 전에도 있었고(who was) 장차 올 자요(who is coming) 전능한 자라" 하시더라(계 1:8).

> 아무도 능히 셀 수 없는 큰 무리가 나와 큰 소리로 외쳐 이르되 "구원하심이 보좌에 앉으신 우리 하나님과 어린 양에게 있도다" 하니, 모든 천사가 엎드려 하나님께 경배하여 이르되 "아멘 찬송과 영광과 지혜와 감사와 존귀와 권능과 힘이 우리 하나님께 세세토록 있을지어다 아멘" 하더라(계 7:9-12).

부록 1	기독교 정통신앙
부록 2	기독교 중심사상(SOLA)
부록 3	기독교 핵심교리(TULIP)

부록 1

기독교 정통신앙

　16-17세기의 종교개혁운동은 오직 성경으로 로마 가톨릭교회의 그릇된 신학과 인본주의적 신앙전통들을 대항하여 일어난 참된 신앙과 진리의 회복운동입니다.

　개혁운동이란 하나님의 거룩하고 정확무오한 말씀인 성경으로 돌아가는 것입니다. 이는 기독교회가 내적으로 오직 성경을 따라서 하나님의 말씀에서 벗어난 그릇된 신앙과 교리, 교회질서와 제도, 종교의식과 신앙생활 등 모든 것을 올바로 회복하는 일을 말합니다. 또한 외적으로 기독교회가 참된 진리를 가지고 이 세상 속에서 정통신앙에서 벗어난 온갖 이단들과 거짓 교리를 대항하고 성경적인 참된 교회를 세워 나가는 일입니다.

　오늘날 기독교의 정통신앙으로서 개혁주의 신앙(Reformed Faith)은 칼빈의 생애와 그의 저술들에 드러난 신학사상을 가리키는 '칼빈주의'(Calvinism)라는 용어로도 부르고 있습니다. 이 용어는 16-17세기에 칼빈의 신학사상을 계승한 개혁가들의 신학사상으로서, 주로 개혁교회의 공인신조인 벨직신앙고백서(1561), 하이델베르크요리문답(1563), 도르트신경(1619), 웨스트민스터신앙고백서(1647) 등에 고백된 신학사상을 말합니다.

기독교의 정통신앙은 교회사적으로 초대교회의 사도들이 성경대로 전파한 순수한 복음과 진리의 가르침 위에 서 있습니다. 이 정통신학의 내용들은 초대교회의 사도신경을 비롯하여 공인신조인 니케아신경(325), 칼케돈신경(451), 아타나시우스신경(500)에 명확히 고백되어 있으며, 특히 어거스틴의 신학사상에 잘 표현되어 있습니다.

16세기의 종교개혁가 칼빈은 하나님의 크신 은혜 아래서 오직 성경을 따라서 초대교회와 어거스틴의 신학 위에서 보다 완전한 기독교의 교리체계를 세웠으며, 그의 신학사상은 개혁교회의 공인신조들을 통하여 고백되고 확정되어 현대교회에까지 이르고 있습니다.

한편 기독교의 신학 전통은 그 주체와 사상적 토대에 따라서 신본주의 신학 전통과 인본주의 신학 전통으로 나누어 살펴볼 수 있습니다.

신본주의 신학이란 하나님의 거룩하고 정확무오한 자기

계시의 말씀인 성경에 기초한 신학 전통으로서 하나님 중심의 신학사상을 말하며, 인본주의 신학이란 인간의 이성에 기초한 철학사상으로서 성경을 하나의 신학적 탐구의 대상이나 수단으로 보는 인간 중심의 그릇된 신학 전통을 말합니다.

인본주의 신학 전통은 철학사상에 기초하여 기독교를 설명하고자 하는 신학사상으로서, 인간의 주체성과 가능성을 토대로 형성되었습니다. 이는 철학사상에 역사적으로 기독교를 혼합한 영지주의 전통에 서 있으며, 이 영지주의는 모든 이단의 원조이며 뿌리가 되었습니다.

기독교의 인본주의 신학은 구원에 있어서 큰 오류를 갖고 있으며, 교회사 속에서 다른 복음과 거짓 교리를 전파해 오고 있습니다.

실제로 그들은 하나님께 범죄하여 타락한 죄인들의 전적인 타락과 구원의 무능력을 부정하고 인간의 자력적인 구원 혹은 신인협력적 구원을 주장합니다.

현대교회 안에서 이들은 천국을 부정하고 인본주의적이고 세속적인 지상왕국이나 이상사회를 건설하고자 하는 종교적 위선자들입니다. 즉 신앙이나 신학의 목적을 인간과 사회의 문제들을 해결하는 데 두고 있습니다. 결국 이들에게 기독교 신앙 혹은 신학이나 교리란 인간을 위해 사용되는 세속적인 도구와 수단에 불과한 것입니다.

기독교의 신본주의 신학 전통은 하나님의 역사와 피조 세계에 대한 절대 주권과 하나님의 정확무오한 말씀인 성경의 절대적 권위에 기초하고 있습니다. 이는 하나님 중심과 성경 중심의 정통신학으로서, 오늘날 개혁교회의 신앙과 삶의 핵심 원리이기도 합니다.

결론적으로 기독교의 정통신앙은 하나님의 말씀인 성경을 따라서 하나님의 주권적인 은혜 곧 영원한 선택에 기초하여 성령의 은혜 가운데 오직 그리스도를 믿음으로 얻는 구원을 강조하며, 또한 모든 성도가 주의 말씀을 따라 성화와 선행에 힘쓸 것을 가르칩니다.

참된 그리스도인은 예수 그리스도와 창조주 하나님을 바르게 아는 사람입니다. 그는 신앙의 목적이 사람의 지상적 행복이나 혹은 죄인의 구원 자체에 있는 것이 아니라 주 여호와 하나님께 온전한 영광을 돌리는 데 있음을 고백하며 진리를 따라 살아가는 사람입니다.

부록 2

기독교 중심사상(SOLA)

기독교의 중심사상은 '5 솔라'(Five Solas)에 잘 표현되어있으며, 이는 로마 가톨릭교회와 대조되는 개혁교회의 참된 신앙을 잘 나타내고 있습니다.

1. *Sola Scriptura*(오직 성경)

성경은 하나님의 직접 계시로서 정확무오한 하나님의 말씀인 동시에 기독교교리의 유일한 원천입니다. 또한 성경은 성도의 신앙과 행위의 규범으로서 충분성과 완전성을 가지고 있으며, 자기가 스스로 진리임을 밝히고 있습니다.

개혁주의는 '오직 성경'은 항상 '전체 성경'과 함께 고백하고 있는데, 이는 신앙과 교회의 모든 일이 전적으로 성경의 권위 아래 있으며, 성경적 근거가 없는 것은 인정하지 않는다는 것입니다.

2. *Solus Christus*(오직 그리스도)

모든 인간은 죄로 인해 영적으로 죽어 있으며, 죄와 사망의 종노릇을 하고 있습니다. 그들은 현세에서도 하나님의 진노를 받지만 사후의 심판에서도 자기의 죄에 대한 대가로 영벌을 받습니다.

이 절망적인 상태에서 인간은 스스로 구원할 능력이 없고, 구원의 유일한 길은 오직 십자가에서 구속을 치루시고 하나님의 의를 완전히 이루신 예수 그리스도를 믿어 죄 사함을 받는 것뿐입니다.

3. *Sola Gratia*(오직 은혜)

하나님께서 영원 전에 우리를 선택하시고, 또한 그에 따라서 우리에게 예수 그리스도의 의를 덧입혀 주는 것은 전적인 하나님의 은혜요 선물입니다.

우리의 믿음도 하나님의 선물로서 구원의 은혜를 받는 통로 역할을 할 뿐입니다. 즉 믿음은 성령께서 중생한 자에게 주시는 열매입니다.

4. *Sola Fide*(오직 믿음)

하나님께서 내리시는 구속의 은혜와 칭의는 오직 믿음을 통하여 받는 것이며, 인간의 행위나 조건으로 얻는 것이 결코 아닙니다.

오직 성령께서 그의 은혜로 말미암아 하나님이 영원 전에 택하신 자를 그리스도와 연합시키시고, 또한 그리스도의 의를 그에게 전가해 주심으로 하나님 아버지께로부터 의롭다 함을 얻게 하십니다.

5. *Soli Deo Gloria*(오직 하나님께 영광)

하나님께서는 자신의 영광을 위하여 그의 기쁘신 뜻대로 영원 전에 그리스도 안에서 우리를 선택하시고, 또한 성령의 은혜로 그리스도를 믿어 구원을 받고 영생을 얻게 하셨습니다.

주의 성도들은 이 땅의 어떠한 피조물이나 우상에게 경배해서는 안되며, 오직 생명의 주요 구원의 주 되신 삼위일체 하나님께만 모든 영광을 돌려야 합니다.

부록 3

기독교 핵심교리(TULIP)

 기독교의 핵심교리는 '칼빈주의 5대교리'(TULIP)에 잘 요약되어 있습니다. 이는 개혁교회가 고백하고 작성한 도르트신경의 중요한 다섯 가지 교리들을 지칭하는 말입니다. 특히 이 신조는 알미니안주의자들의 5가지 그릇된 주장에 대답하기 위해 형성되었으며, 하나님의 주권과 예정론을 구원의 원리로 하여 세워진 정통교리의 체계를 말합니다.

1. 전적 타락(Total Depravity)

 인간은 하나님께 범죄하여 타락함으로 구원무능력자가 되었습니다. 이제 죄인은 하나님과 그의 선한 일들에 대하여 죽었고, 눈이 멀었으며 듣지 못하는 상태입니다. 그의 마음은 거짓으로 가득 차 있고 전적으로 부패해 있으며, 인간의 의지는 철저히 악한 본성에 지배를 받고 있습니다.

그런즉 죄인은 영적 소경이 되어 스스로 영적인 선을 택하거나 행할 수도 없는 상태에 처해 있으므로 오직 성령의 은혜로 말미암아 그리스도를 믿음으로만 중생할 수 있습니다. 그 믿음도 인간이 구원을 얻음에 있어서 무엇인가 기여할 수 있음을 보여 주는 것이 아니라, 그 자체가 하나님이 주신 구원의 선물입니다.

2. 무조건적 선택(Unconditional Election)

하나님께서 창세전에 그리스도 안에서 생명에 이를 사람들을 선택하신 것은 오직 그의 선하심과 그의 주권적이고 자유로우신 의지에 근거한 것입니다. 이러한 하나님의 선택의 근거는 죄인이 가지는 믿음이나 회개 등과 같은 미리 알 수 있는 반응 곧 예지에 의한 것이거나 인간의 순종에 의한 것이 아닙니다.

결국 하나님께서 택하신 자들에게 믿음과 회개를 주시는 것입니다. 죄인의 회심은 하나님이 선택하신 결과이지 원인이 아닙니다. 그런즉 하나님의 선택은 하나님께서 예지하실 수 있는 인간의 덕이나 행위에 근거해서 결정되거나 제한되는 것이 아니라, 성령께서 그의 은혜로 택한 자들을 부르시고 그들을 그리스도와 연합하게 하심으로 이루어집니다.

3. 제한 속죄(Limited Atonement)

예수 그리스도의 구속사역은 오직 택자들만을 구원하려는 것으로서 실제적으로 그들만의 구원을 보장합니다. 즉 그리스도의 죽으심은 특정한 죄인들을 대신해서 당하신 형벌로서 대속의 사역이었습니다.

주의 죽으심은 하나님이 영원 전에 택하신 자기 백성의 죄를 사하시는 것은 물론 그들에게 구원에 필요한 모든 것을 제공합니다. 또한 하나님께서 성도들에게 베푸시는 믿음의 은총은 성령을 통하여 그리스도께서 대신 죽어주신 자들에게만 적용되며, 이로써 그들의 구원은 확실하게 보증됩니다.

4. 불가항력적 은혜(Irresistible Grace)

성령께서는 복음을 듣는 사람들을 향한 구원의 외적 부르심(복음 전도)에 더하여 하나님의 택함을 받은 자들을 향해 반드시 구원에 이르도록 모든 사역을 하십니다. 또한 성령의 외적 소명(모든 사람에게 구별 없이 하시는 소명)은 거부될 수 있고 종종 그렇게 됩니다. 그러나 내적 소명(오직 택한 자만을 부르시는 소명)은 결코 거부될 수 없습니다.

성령의 효과적인 부르심은 인간을 항상 참된 회심으로 인도합니다. 성령께서 구원을 적용시키심에 있어서 인간의 의지에 제한받지 않으시며, 구원의 성공에 있어서도 결단코 인간과 협동하지 않으십니다. 또한 성령께서는 그들이 자유롭고 기쁜 마음을 가지고 그리스도께 나오게 하십니다. 하나님의 은혜는 실패할 수 없으며, 또한 그 은혜가 미치는 사람들에게는 반드시 구원이 이루어집니다.

5. 성도의 견인(Perseverance of Saints)

삼위일체 하나님께서는 자기의 영광을 위하여 그의 기쁘신 뜻대로 영원 전에 그리스도 안에서 생명에 이르게 될 자들을 미리 선택하셨으며, 또한 성령의 은혜로 말미암아 택자들로 하여금 그리스도를 믿어 구속 곧 죄 사함을 받아 하나님의 자녀가 되게 하십니다.

구원은 하나님의 영원한 선택에 기초하며, 성령의 은혜로운 부르심으로 구원을 받은 모든 성도는 영생을 얻고 그들의 구원은 결코 취소되지 않습니다. 성령께서는 구원받은 성도들을 은혜와 능력으로 붙드십니다. 그들은 이 세상에서 전능하신 하나님의 능력 가운데 믿음을 지키고 최후의 영광을 얻기까지 인내하며 반드시 승리합니다. 결국 모든 성도는 주의 재림 때에 성령의 은총 가운데 완전한 성화를 덧입고 영화로운 몸으로 부활하여, 영원한 천국에 들어가서 하나님께 모든 영광을 돌리게 될 것입니다.